堀江・後藤流

投資の思考法

HORIE TAKAFUMI
堀江貴文

GOTO TATSUYA
後藤達也
元日本経済新聞記者
経済ジャーナリスト

NEWS PICKS

NewsPicks番組収録中!
いや〜
新NISA制度がうまくいってみんな投資への関心がすごいね
そうですね
お金は増やしたいし先行きも不安だしってとこかね
皆さんが安心できる情報発信につとめたいですね
堀江さんお金関連の著書はよく見ますけど投資の本は出されてないんですか?
株式投資の本は一冊もない

事業投資なら
リターン100倍の
可能性もあるけど
ドッカン
株は
コツコツ増やすものだし
経営にかかわれないから
興味なくて
自分が買わないモノ
人に勧められないもん
へぇ〜
意外でした
とても誠実な姿勢ですね
でも私、堀江さんが
株式投資する視点
気になります！
マーケットを知らないと
宇宙ビジネスや飲食も
できないと思うんで
あ、そう？
ふーん…

決めた俺も本出すわ
求められればやるタイプ
共著で作ろうよ
マジですか！
私と!?
そしたら株買う！
超実践編ですねステキ！
こうしてできたのがこの本です

はじめに

HORIE'S VIEW

株式投資はおもしろい

堀江貴文

２０２４年、日本は過去に類を見ないジェットコースターさながらの株価の乱高下を経験した。折しも新ＮＩＳＡがスタートし、株式投資ブームが到来した直後のできごとである。

日経平均の最高値更新が続き、７月には史上最高値を更新。しかしそれから１カ月も経たず、過去最大の下げ幅を記録したのだ。「やっぱり投資は怖い」と不安な気持ちになった人も少なくないだろう。

先のことなんて誰にもわからない。当然僕にだってわからない。いままで以上の株価の乱高下が起こる可能性もあるだろう。投資が日本中で盛り上がりを見せたころ、僕も投資全般に関して必要なことを知っておくべきではないかと思った。

そんなとき、日経新聞でエース記者として活躍していた後藤達也さんとニューズピックスの番組でお会いした。後藤さんは2022年に独立して以降、SNSやテレビで経済情報を発信。Xのフォロワーは71万人、noteの有料会員は約3万人（2024年9月現在）と、いま日本で最も人気のある経済ジャーナリストの一人だ。

そんな後藤さんと番組を進めるなか、「一緒に投資の考えかたをまとめてみては」と完成したのが本書である。

これまで僕は「ビジネス」や「お金」に関する本を何冊も出版してきた。しかし、**「株式投資」をメインテーマにした本を出すのは実は今回が初めてだ。**

証券会社を経営していた2000年代には、仕事の関係で株式投資を行っていたが、ここ15年以上は上場株の投資から遠ざかっていた。もっぱら僕が行うのは非上場企業へのベンチャー投資だ。

なぜかといえば、上場株への投資は僕にとって非効率な面が多いからだ。上場株への投資で数百倍のリターンを得られる可能性はほぼないといっていい。

逆に、ベンチャー企業への事業投資であればその可能性は大いにある。自分自身が事業へアドバイスを行うなど、事業に参画するということは、失敗するも成功するも己《おのれ》の手腕次第ということにもなる。しかし、上場株のように他人に事業の行く末を任せるよりも、よっぽど可能性を感じられるし、おもしろみもある。

さらにパフォーマンスだけを見れば、自分自身で起業をすることが最も効果的な投資であることはいうまでもない。300万円の借入によって創業したライブドアは一時期、数千億円の時価総額をつけていた。起業当初に投資をしてくれた人のなかには数百倍の利益を得た人もいる。

そんな僕が株式投資の書籍を出すことになったわけだが、「どの個別株が儲《もう》かる」など無粋なことを伝える気は毛頭ない。事実これまで、ユーチューブなどでも個別株に触れるのは避けてきていた。これは「自分が買ってもいないものを、他人にすすめるのはいかがなものか」と思っていた部分もあるからだ。

そこで本書を作成するにあたっては、新ＮＩＳＡ制度の枠内で**実際に株式投資をしてみた**（詳しくは特別公開ページ「ホリエモン、株を買う」）。

本書では株式投資の基礎知識について後藤さんに解説してもらいつつ、僕なりのマーケットの見方を伝えさせてもらっている。実際に購入した銘柄も載せているが、先にも書いたように、必ずしも「○○株が上がる」と推奨するものではない。僕が買った株の株価がどうなるかもわからない。本書に書かれていることはあくまでも僕の見解であり、それをどうとらえるかはあなた次第。あくまでも自己責任の範囲内で、参考にしてもらえればと考えている。

僕の投資スタンスについては本書内で詳しく説明していくが、**投資のポートフォリオは「5社程度でいい」**と考えている。**何百社もチェックする必要はない。**まずは自分が普段から使っているサービスや商品を提供する企業の株からはじめるのもいいと思うし、自分が信頼するビジネスパーソンや専門家の意見を参考にするのもいいと思う。

株式投資をするために、個別企業の状況を詳しく見つつ思考を重ねると、ビジネスのあやが見えてくる。それが後藤さんと一緒ともなれば、なおさらのこと。さまざまな経済活動のつながりが見えてくるのは、かなり興味深いものだ。

まずは本書を読むことで投資の基本となる考えかたを知り、銘柄の選びかたやしぼりこみかたを学んでほしい。きっとこの本を読み終わるころには、株は怖いものでも難しいものでもなく、もっとハードルの低いものだとわかってもらえるはずだ。

そして投資をするすべての人たちに、「株式投資はお金に振り回されるギャンブルのようなもの」ではなく、「株式投資にはお金以外にも得られるものがある」ということを読みとってもらえればと考えている。

目次

第三章 銘柄をしぼりこむ9つの視点

特別公開ページ

ホリエモン、株を買う

第四章 株価に影響を与える情報とは？

第五章

人生に活きる「投資を成功させる」5つのポイント　243

第一章

どうしていま、
株式投資なのか？

投資の目的は「お金」だけですか？

HORIE'S VIEW

株式投資はビジネスパーソンの教養

これまで僕は株や為替、あるいは金融政策関連で、投資助言に該当するような発信はほぼしてこなかった。だからといって、これらのトピックに関心がないわけではない。あくまで投資商品として自分が株式の売買をしていないだけで、「ビジネス教養」としてフォローし続けている。

マーケットの動向や景気感を把握せずして、ビジネスを成り立たせることはできないからだ。経営者には、「自分の事業にすべての労力と資金を注ぎ込むことが一番の投資」と考える人も多いはずだ。

本書は、投資の手続きを一から教える網羅性のある入門書ではないため、口座開設のマニュアルなどは他の入門書に譲《ゆず》る。また、「はじめに」でも注意書きしたように、「儲かる株」を直接教えるわけでもない。

ただし投資やマーケット動向が「ビジネス教養」だといっても、投資初心者にはどうしても、株式投資は心理的ハードルが高いことは理解できる。

具体的な株式銘柄の選びかたに入る前に、本章では投資の基本となる考えかたから解説していこう。事業家である私と、経済のプロである後藤さんの視点を交差させながら、投資をこれからはじめる人にも、すでに投資経験のある人にも、学びとなるよう立体的に話を展開させていきたい。

GOTO'S VIEW

堀江さんとの意外な共感

芸能、ＡＩ、医療、宇宙、政治……、堀江さんは本当に多岐にわたるトピックで発信しています。ただ少し前までは、上場株などいわゆる「投資」についてはあまり発信していなかったので、「あまり興味がおよばないのかな」と思っていました。

ところが、実際に対談を重ねると、印象が変わりました。

新ＮＩＳＡやここ数年の株高で、世の中の投資への関心が高まっていることに堀江さんはとても敏感です。そして、投資は富裕層や事業成功者だけの世界ではなく、幅広い国民が参加することにも、意義を感じているようでした。

もちろん投資は損するリスクもあります。それでも、ＡＩやインフレ、働きかたなど、劇的な変化が起こるなか、資産形成の点でも一般教養の点でも、投資の世界を知ることの重要性は増していると思います。

私は**「健全な金融リテラシーの向上」**を理念に、ＳＮＳやユーチューブ（登録者30万人強）、テレビ、書籍などで情報発信をしています。バックグラウンドが大きく異なる堀江さんとクロストークをすることで、私自身も投資の意義や魅力を再発見する面がありました。

それでも、まだまだ「投資は面倒、怖そう」という人はたくさんいると思います。堀江さんには、ファンもたくさんいらっしゃいます。その力も借りて、いままで私がアプローチできなかった方々にも「金融リテラシーの向上や、経済を学ぶ楽しさを知る」きっかけを提供できるかもしれません。このプロジェクトにはそんな思いで参加しました。

対談ベースの書籍なので、重厚な教科書のように体系化されているわけではありません。そのぶん、話題は新しく、エッジがきいています。目次を見て、おもしろそうなところだけをつまみ食いするような読みかたもアリだと思います。

投資信託 vs 個別株投資

GOTO'S VIEW

投資初心者へのオススメは「投資信託」

一口に「投資」といっても、投資先は、株や債券、暗号資産、不動産、金などさまざまあります（図表1）。初心者にまずオススメしたいのは株式や債券を組み合わせた「投資信託」です。

図表1. 投資先の種類

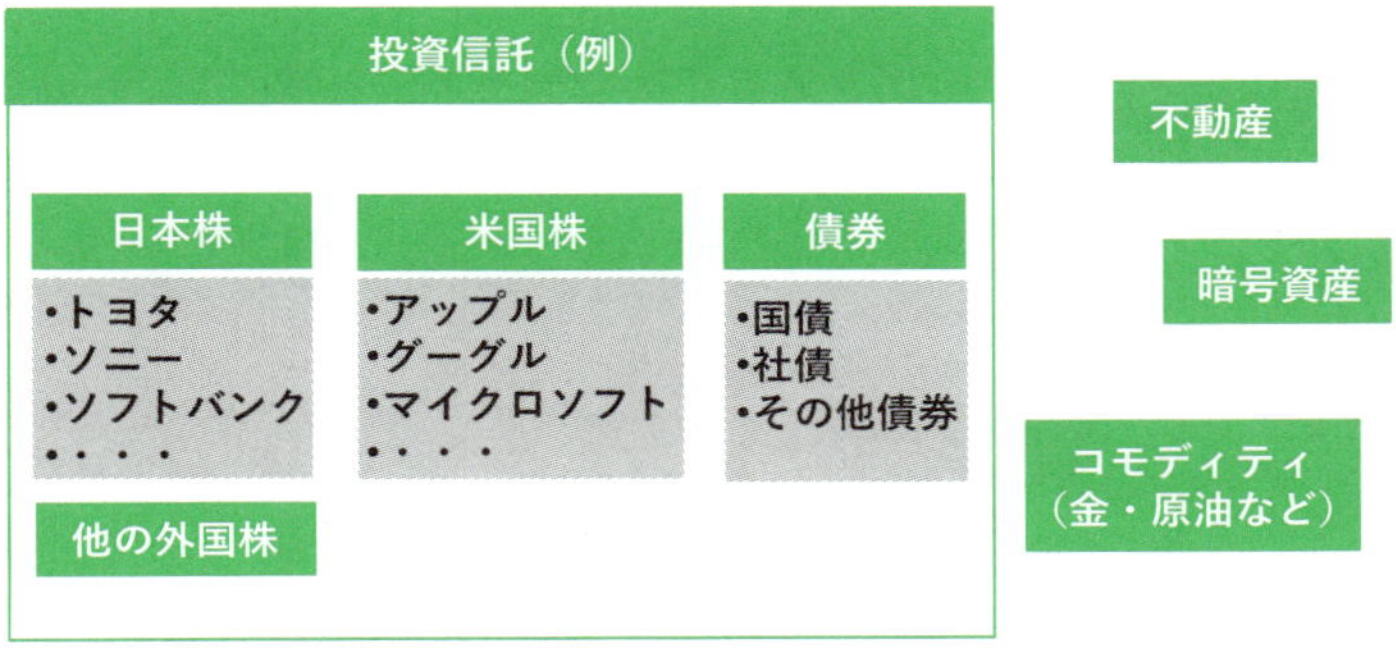

投資信託とは、個人や法人の投資家から集めたお金を、運用のプロが国内外の株式や債券*などさまざまな投資商品に分散投資・運用する金融商品のこと。「投信」とも呼ばれます。最低投資金額が100円といった安いものも多くあります。

＊債券とは、国や地方公共団体、企業などが、投資家から資金調達の際に発行する有価証券で、いわば「借用証書」。債券と株式は、いずれも市場から資金を調達するために発行されるが、債券は利率が定められているうえ、満期には投資家に元本が償還される。株に比べて価格変動のリスクが低く（ローリスク）、その分期待リターンも大きくない（ローリターン）のが特徴だ。

図表 2. 投資信託と個別株

	投資信託	個別株
特徴	運用を投資のプロに任せ、運用者が国内外の株式や債券などに分散投資を行う	自分で運用するため、信託報酬はかからない
投資先	株式や債券など数十社（銘柄）～	1社（銘柄）～
費用	販売手数料 信託報酬	売買手数料
メリット	銘柄選びの手間が省ける 分散投資がはかれる	好きな企業へ直接投資ができる
留意点	長期投資になるほど、累計の信託報酬がかかる	複数企業に投資しないと、集中投資のリスクがある
最低投資金額	商品によるが100円単位で買えるものも	数千円～数十万円以上 日本株式は100株単位からしか買えないことがほとんどのため、まとまった投資資金が必要 1株から買える海外株式であれば数千円～数万円以上
定期の積立	簡単	難しい

ここ数年はアメリカの主要株に投資する「S&P500」や世界株に投資する「オールカントリー」などが日本で人気です。少額でも、アップルやマイクロソフトなど世界の大企業に少しずつ分散投資ができます。

特別に興味のある銘柄[*2]があるわけでもなく、「投資信託」か「個別株」で迷っているくらいなら、まずは「投資信託」からスタートするのがよいでしょう。投資信託は個別株に比べ、自分で投資先企業を選ぶ必要はありません。単純に資産形成したい人にとっては心理的ハードルも低いと思います。まずは一度投資という行為に挑戦してみることで、株がどういったしくみで動くのかを体感できます。

＊2 銘柄とは「取引する対象」の呼びかた。株式投資の場合は企業名、投資信託の場合はファンド名を指す。株式投資においては、「銘柄＝企業」と思っておけばよいだろう。日本の株式銘柄には、それぞれに4桁の「銘柄コード」が与えられている。

ただ、投信を選ぶときには2つのコストをよく見てください。販売手数料と信託報酬です。マンションでたとえるなら、販売手数料が礼金で、信託報酬は毎月の管理手数料。特に信託報酬に関しては、長期になればなるほど累計で大きくなるため気をつけたいところです。

仮に信託報酬が２％だとして、25歳から投資をはじめ、50歳まで保有すれば２％×25年＝50％になります。預ける額の半分が信託報酬になると考えれば、無視できない金額です。特別なこだわりがないかぎり、信託報酬が０・２％以下のものから、長期的な目線も踏まえて選ぶのがよいでしょう。

プロのアナリストは減っている

投資信託は、大きく「インデックス運用」と「アクティブ運用」に分かれます。

「インデックス（指数）」とは、複数の企業の株価をひとまとめにしてその値動きを表す「日経平均株価」や「ＴＯＰＩＸ《トピックス》（Tokyo Stock Price Index：東証株価指数）」、米国なら「Ｓ＆Ｐ５００」[*3]が代表例です。決まった指数に連動する運用成果を目指す投資手法が「インデックス運用」で、簡単にいえば「相場全体に合わせた」運用方法です。ファンドの運用者が投資先企業を選定する手間がかからないため、運用コストが安いことが特徴といえます。

＊3 S&P500は、米国の上場企業を代表する約500社の時価総額で加重平均した指数株価指数。米国株式市場全体の時価総額の約8割を占めており、米国市場の動きをおおむね反映しているといえる。

近年では日本でもインデックス運用の投資信託が人気です。というのも、プロが選別する「アクティブ運用」だからといって、インデックスよりも運用成績がいいとはかぎらないからです。むしろ、インデックスに負けるアクティブファンドが多いのが実情で、それにもかかわらず手数料が高いため、人気が薄れています。

数値化・言語化されていない世の中の潮流の変化が、まだ株式市場に織り込まれていないことがあります。どれほど優秀なアナリストであろうと、世の中の変化を完全に把握することはできません。近年は日本株のアナリストも減少傾向にあります。その点で、一般個人でも世の中の変化をうまく察知できれば、投資で大きな利益を得られる可能性もあります。

GOTO'S VIEW

個別株投資の魅力

「個別株投資」には投資信託にはない魅力があります。何よりもまず、**具体的な企業の事業や動向に距離が近くなる**点です。

個別株にお金を投じると、その企業の新しいニュースへの関心が急激に高まります。他の業界や政策、海外の動きなど、その企業と直接関係なさそうな話題も次々と関連づけられるようになるのです。

実際、私も日経新聞社を退職し、フリージャーナリストになってから株式投資を再開しました。日経在籍時は記者という立場柄、インサイダー情報にも触れかねないため、投資は自粛《じしゅく》していたのです。

それからフリーのジャーナリストとなり、投資を解説する立場にもなりました。市場には、実際に投資をしてみないとつかめない相場の動きや雰囲気があります。たとえるなら、野球をやったことがない人が大谷翔平の記事を書いても、どこか魂がこもらないのに近いかもしれません。

ただし、自分の持っている株を奨励するようなことはせず、発信の内容と自分の運用はしっかりと切り分けることにしています。

どの企業に投資すればいいかわからない場合は、なじみのある企業や応援したい企業から選ぶのがいいでしょう。愛着のある企業であれば、ニュースに接するハードルは下がります。一時的に株価が下がったときも、自分が長年応援したいと思える企業であれば、過度に落ち込んだり慌てたりせずにすみます。

断言できるほど、株価は単純ではない

「はじめに」で堀江さんからもあったように、2024年夏、日本株は歴史的な乱高下を記録しました。

日銀の利上げや米景気不安がきっかけとされますが、背景には過度に膨《ふく》らんだ投機

取引の巻き戻しがありました。[*4]

それまでは、株高で儲けようとリスクの高い取引をしていた人が多くいました。そんななかで株安が進み、投げ売りせざるをえなくなる人が続出し、パニック的な急落になったと見られています。詳しくは第四章で解説します。

株価が上がったり下がったりと激しい値動きをしたときに、隣の投資家がどういう心境でどんな取引をするか、読める人はいません。なんなら自分自身の心境の変化も、「こんなに動揺するものなのか」と、事前には読めないでしょう。

株価の乱高下で、自分自身の資産がどれほど動くのか、そのとき心境がどれほど揺さぶられるのか。「もっと儲かるかも」という欲や楽観、「もう損したくない」という防衛心理は、私を含め誰にでもはたらきます。

＊4　投機とは、金融商品の短期的な価格変動を利用して利益を追求すること。これまでに解説してきた資産形成目的の長期・分散投資とは厳密には異なるが、株式売買という行為自体は「投資」と同じなので、「投資」という言葉には「投機」行為が含まれていることも多い。また「投機筋」とは、投機を行う投資家のことを言う。

株価の急落のリスクはどこから突然現れるかわからないものです。リーマンショックやコロナショックなど過去の大きな市場混乱は、事前に備えるのがほとんど不可能だったリスクが「急激に表面化したとき」に発生しました。

「〇〇ショック」を予想するには、世界中の投資家がどんな取引をしているか把握し、あるショックにどれくらい反応するのかを読めないといけませんが、そんなことは不可能でしょう。いいかえれば、「株価はこうなる」と断言する人は、それだけマーケットの複雑さを理解していないといえます。

2024年夏まで、日米の株価は高値を更新し、円安もどんどん進んでいました。そこで利益が蓄積すると、「株価はずっと上がるだろう」「じゃあもっと投資を増やそう」と慢心してしまいがちです。そうした楽観ムードが市場全体で増殖すると、マグマがたまり、逆回転したときの反動が大きくなります。

頻繁に起こることではありませんが、株式市場には何年かに一度（ときに1年に数回）は「ショック」が訪れます。「こういうこともあるよね」と思える金額で、投資に向き合うことが大切です。

堀江さんもいうように、「株式投資はおもしろい」。しかし、このように「覚えておくべき大切なこと」がたくさんあります。

新ＮＩＳＡ制度がはじまり、投資や株式に関心を持つ人が増えました。そんないまだからこそ、信頼できる情報を発信し、読者のみなさんが安心して情報を取捨選択し、経済活動に参加していくサポートをすることには大きな意味があると思っています。

「株は怖いもの」「自分には難しい」と敬遠されがちだからこそ、できるだけわかりやすく、身近に感じてもらえるよう意識しました。「お勉強」と構えずに、肩の力を抜いて読み進めてもらえれば嬉しいです。

投資の基本

①長期投資：プロと素人が立つ同じ土俵

HORIE'S VIEW

最強の投資家は「死人」

あなたは世界で一番儲かっている投資家をご存じだろうか？　それはズバリ、「死人」だ。

死んでしまった人は、持っている資産を売ることがない。

たとえば、10年前に１００万円分のビットコインを買っていたとしよう。仮にそのビットコインを途中で売らずに、保持し続けていたら現在の価値は2億円を超える。それでも、生きている人間のほとんどは、「10倍になった！」とぬか喜びをし、途中で売ってしまう。

短期の値動きに一喜一憂せず、投資をしたことすら忘れているくらいのほうが、後々よっぽど大きなリターンを手にできるのだ。

GOTO'S VIEW

素人こそ有利なのが長期投資

世界各国の株式は数十年単位というスパンであれば、どの時期をとっても、ほとんどの場合で値上がりしています。株式は長く持てば持つほど、最終的に勝つ可能性が高いのです。

もちろんマイホームの購入といった人生の中でも大きな出費や、老後資金の取り崩しなど、まとまったお金が必要になることもあるでしょう。そういった事情がないかぎりは、基本的には細かく株を売ることなく、余裕資金を長期投資するのが合理的で、実際に利益も手にしやすいと思います。

もちろん、個人の投資家のなかには短期のトレードによって数億円のリターンを得る人もいるでしょう。最近はＳＮＳなどで「資産○億円」といった極端な成功事例が脚光を浴びやすい傾向にありますが、こうしたケースは宝くじを当てるような確率だと思ったほうがいいでしょう。

何より、短期取引にはプロの集団がいます。優秀な人材を多く抱え、巨額のシステム投資で、あらゆる値動きを監視し、千分の１秒単位でしのぎを削っています。個人１人が短期取引でずっと勝ち続ける可能性はゼロではありませんが、かなり低いといえるでしょう。

一方、10年後・20年後の世界を長期で見通すのは、プロの投資家でも不可能に近いことです。一般個人との差はほとんどありません。さらにプロの投資家は月次や四半期の成績で評価されやすいところを、個人であれば「投資は老後の資産形成のためなので、一時的な株安は気にしない」と構えていられる余裕があります。

つまり**「短期投資はプロが有利で、長期投資は個人こそが有利」**といえるでしょう。

GOTO'S VIEW

株価が「長い目で見たら上がる」理由

もちろん数年に一度、リーマンショックやコロナのような株価に大きなマイナス影響をおよぼす波は訪れます。それでも、30〜50年単位の長いスパンでみれば、基本的に株価は右肩上がりのトレンドであることは覚えておきたいところです（図表3）。

堀江さんがしばしば指摘するように、世界中でたえまなく起こるイノベーションのおかげで、富の総量は増え続けています。また、多くのイノベーションは資本市場の力を借りて急成長します。アップルやエヌビディアのような革新的な企業は、どの時代にも出現してきました。**経済成長を生み出す原動力は企業にあり、その成長の源泉に資金を投じればリターンは良くなります。**数十年スパンで見たとき、それが株価が右肩に上がり続ける大きな一因になっています。

私の個人的な考えですが、「今年○万円増やす」とか「夏休みに旅行するためのお

図表3. 日経平均（円）とダウ・ジョーンズ工業株価指数の推移

2024年9月3日時点

金を儲ける」などといった、短期的なリターンを株式投資に求めるのは向きません。数カ月だと、予期せぬ理由で株価が大きく下がることもしばしば起こります。

「1カ月後に20%上がっていそうな株を探そう」とか「何百万円の元手を1億円にしよう」といった希望的観測で投資をするのは適切ではありません。そうした結果を求めるあまり、身の丈に合わないリスクをとりすぎてしまい、大損につながることもあります（「リスクをとりすぎる」とは、余裕資金以上の額や、信用取引で手元資金の数倍もの額を投資に回すことなどです）。

目先の利益に血眼《ちまなこ》になるのではなく、

投資の基本的な目的は「老後を含めた生涯の資産形成」に設定するべきでしょう。

「5年後にも期待」できるか

だからこそ私がすすめたいのは、投資の「長期的な積立スタイル」です。刻一刻と変化する株価に一喜一憂したり、右往左往したりするのではなく、淡々と積み立てていく。証券会社のアプリや投資信託のサイトなどから「月1万円で毎日積立」といった設定も簡単にできます。

積立なら株価が上昇しているときも急落しているときも気にする必要がありません。特別な操作も不要でほったらかしでよいのです。

投信や株を選ぶ際も、1カ月後、1年後の価格よりも、**「5〜10年持っていてもよさそう」**という視点で投資先をしぼるのがいいでしょう。結果的に株価が下がってしまうことや、大きな生活資金が必要になり、1年以内に売ってしまうこともあるかもしれません。それでも少なくとも、株を買うときには**「最低でも5年間は持つ」「5**

年後にも期待できそう」という思いが持てるところから株を選ぶべきだと思います。

専業の個人投資家でなければ、情報収集や分析、投資判断にたくさんの時間は割けないでしょう。ＳＮＳや書籍などでさまざまな分析手法があふれていますが、「勉強すれば必ず儲かる」という必勝法は存在しません。新ＮＩＳＡをきっかけに新たに投資をはじめた多くの人には、肩の力を抜いて長期・積立で、投資をゆるりとはじめることをオススメします。

②分散投資：ポートフォリオは5社でいい

HORIE'S VIEW

「5社」を決める方法

いざ株式投資をはじめようとすると、日本に存在する上場企業の数が約４千社にものぼることに驚くかもしれない。そこから１００社を選び、ポートフォリオを組もうとすると素人の手には負えない。**世の中の99％の個人のポートフォリオは5社で十分だ。**では、その5社はどうやって選べばいいのだろうか？

もしテクノロジー分野に興味があるなら、僕のオススメは中島聡《なかじまさとし》さんのメルマガ「週刊Life is beautiful」を購読することだ。

もともと、中島さんはマイクロソフトでインターネットエクスプローラの開発に従事していた技術者だ。自身で立ち上げたベンチャー企業の売却経験だけでなく、現役のプログラマーでもある中島さんはテクノロジーとビジネスに対する造詣《ぞうけい》が深い。

彼のメルマガを読んでいると、なぜ中島さんがエヌビディアやテスラの株を買っているのかが、深い考察とともに記されている。実際、中島さんの投資ポートフォリオは高いパフォーマンスを上げており、信頼できる情報が得られる。難しいことを考えたくなければ、まずは中島さんのポートフォリオをウォッチしてみよう。

ここでは中島さんを具体例に挙げたが、自分が信頼できる情報ソースを5～10人ほど見つけ、その人たちのＳＮＳ、メルマガやｎｏｔｅをフォローしてみるといいだろう。その情報を頼りに個別株に投資をすることで、「オルカン」（オールカントリー：全世界株式）に代表されるインデックスファンドよりもパフォーマンスがよくなると思う。僕が実際に投資するなら、自分でゼロから株式を吟味《ぎんみ》するのではなく、信頼に足る人々の情報から投資先を決めるスタイルをとる。

GOTO'S VIEW

5社でも「分散」は効く

一般的に、「分散投資」は投資の基本的な考えかたですが、「実際どれほど分散させるべきか」は議論が分かれるところでしょう。年齢や資産によっても変わりますが、10～20銘柄に投資すれば、個人としては十分な分散ができる印象です。

ただし、投資できる資金が１００万円という状況の場合、10社以上に投資をするのは難しいかもしれません。その場合は「5社」でも、ある程度の分散効果は得られると思います。

それが20社、30社へと増えれば、日経平均やＴＯＰＩＸと近い値動きになっていくでしょう。

図表 4. 主な米国企業の最低投資金額

企業名（ティッカーシンボル*）	1株あたり株価	円換算の最低投資額（1ドル＝150円）
エヌビディア（NVDA）	119.4ドル	17,906円
アルファベット A（Google）（GOOGL）	163.4ドル	24,507円
テスラ（TSLA）	214.1ドル	32,117円
アップル（AAPL）	229.0ドル	34,350円
マイクロソフト（MSFT）	417.1ドル	62,571円
メタ（Facebook）（META）	521.3ドル	78,197円
アマゾン（AMZN）	178.5ドル	26,775円
イーライリリー（LLY）	960.0ドル	144,003円

2024年9月1日時点。手数料などは除く
*ティッカーシンボルとは、銘柄を識別するために使われる略称

日本企業への株式投資は投資信託と比べてまとまったお金が必要なことが多いですが、実は米国株は1株単位から投資をすることができます。そのため、たとえば話題のエヌビディア株も1株1万8000円程度で買うことができます（図表4）。つまり、**10万円程度の投資資金でも5銘柄程度のポートフォリオを組むことは現実的**なのです。ただし手数料がかさむこともあるので気をつけてください。

今後、日本株においても同様の流れが広まっていくでしょう。東京証券取引所

は、売買の最低単位を１００株から１株に引き下げるといった、少額でも投資しやすい環境の整備を検討しています。また、最近は日本株取引の「手数料無料化」の流れが強まっています。

たとえば「３０００円で１株買って、手数料もゼロ」なら、原資が10万円でもいろいろな銘柄に分散することが手軽にできるようになるわけです。

GOTO'S VIEW

投資の目安は余裕資金の20～30%

「具体的に資産の何%を投資に回すべきか」といった質問を受けることが多くあります。年齢や家族構成、あるいは年収や貯金額によっても変わるため、一概には「何%」と断言することはできません。

それでも一般論をあえて述べるなら、どんな年齢であろうと、直近で必要となることが予想される大きな出費や、日々の生活とは関係のない「余裕資金の20～30%」を投資に回すのがいいでしょう。そして、収入や資産状況、ライフステージの変動に合わせてその具体的な比率を調整するといいと思います。一般に若い世代であれば、リスク資産比率を高めに、老後に近づくにつれ、投資の比率を抑えていくのがいいでしょう。

特に投資をはじめたばかりの序盤で損をしてしまうと、精神的なダメージも大きいので、持続的な投資を意識したいところです。その意味で、言い得て妙だと思ったのが**「手に汗をかかない額」です。**これは、ひふみ投信を運用するレオス・キャピタルワークス社の藤野《ふじの》英人《ひでと》さんの言葉です。寝ても覚めても「株価が気になって仕方がない」状態は黄色信号といえるでしょう。

知り合いの芸能人で、一時期株や為替にハマりすぎて、コンサートの合間にもスマホで株価をチェックしていた人がいます。そこまで行くと「手に汗をかかない額」を超えています。仕事や家族との時間でも、株価に心が揺さぶられているようだと、金銭リターン以前に、豊かな日常生活を送っているとは言いにくいとも思います。

そして、仮に数日や1カ月でものすごく株価が上がり、「こんなに儲かった」と大喜びしているときも注意が必要です。テンションが上がるのは、アドレナリン・シグナルでもあります。あなたの読みが当たったのかもしれませんが、投資成績は「偶然」による面も小さくありません。世が世なら、逆に大きく損をしていた可能性もある投資額といえるでしょう。

自分の「余裕資金」の感覚よりも、リスクをとりすぎていないかを少々顧《かえり》みることも大切です。何かを得たときに発生するアドレナリンは、「もっとほしい」「またあの体験をしたい」と人間の欲に火をつけます。それにより、快感を求めて、よりいっそう過剰なリスクを負い、身の丈以上の投資をしてしまうことがあるので注意が必要です。

言うまでもなく、投資で連勝連勝できる人なんてほとんどいません。投資額が大きくなると、そのぶん大きな損を被るリスクも高まります。くり返しになりますが、**手に汗を握らない範囲内で、儲かっても「ああ、よかった」と冷静に思えるくらいのテンションで、投資に向き合うくらいがちょうどよいでしょう。**

投資の時期も分散する

仮に余裕資金が300万円あるとしましょう。では、その約3割にあたる100万円でいきなり投資をすればいいのかというと、それはそれで危険です。

相場には常に山と谷があります。たまたま自分が買うタイミングが相場の山にぶつかることがあるため、いきなり大きくはじめないほうがいいでしょう。まずは月に5千円〜1万円といった少額でも構わないので、積立によって買うタイミングをずらすことが大切です。数十年単位で見れば株は上がる可能性が高いですが、波があるため、少しずつ買うタイミングを分散させることで買い値を平準化できます。

個別株投資にしても、特にまったくのゼロから投資をはじめるのなら、最低限1〜2年程度の時間をかけて投資時期を分けたいところです。投資をはじめると、それまで経済や株式市場へ関心がなかったとしても理解が進みます。肌身で勉強しながら銘柄も選んでいけばよいでしょう。

株価上昇が続いているときは「いまさらはじめても遅いのではないか」という人が増えてきます。一方、株価が急落しているときは「不安なので、もうちょっと待ったほうがいいのでは」という人も出てきます。

つまるところ、いつはじめるのが適切かは後になってみないとわかりません。逆にいえば、少額の積立なら、いつからはじめても大きな問題にはなりづらいと思います。むしろ**長期投資の観点では、少しでも早くはじめることが賢明でしょう。**

③日本株 vs 外国株：日本株のポテンシャルは？

GOTO'S VIEW

日本人のお金のポートフォリオに大きな変化が起きている

2024年に新NISA制度がスタートし、3月には日経平均株価が史上初の4万

図表5. 過去40年の日経平均

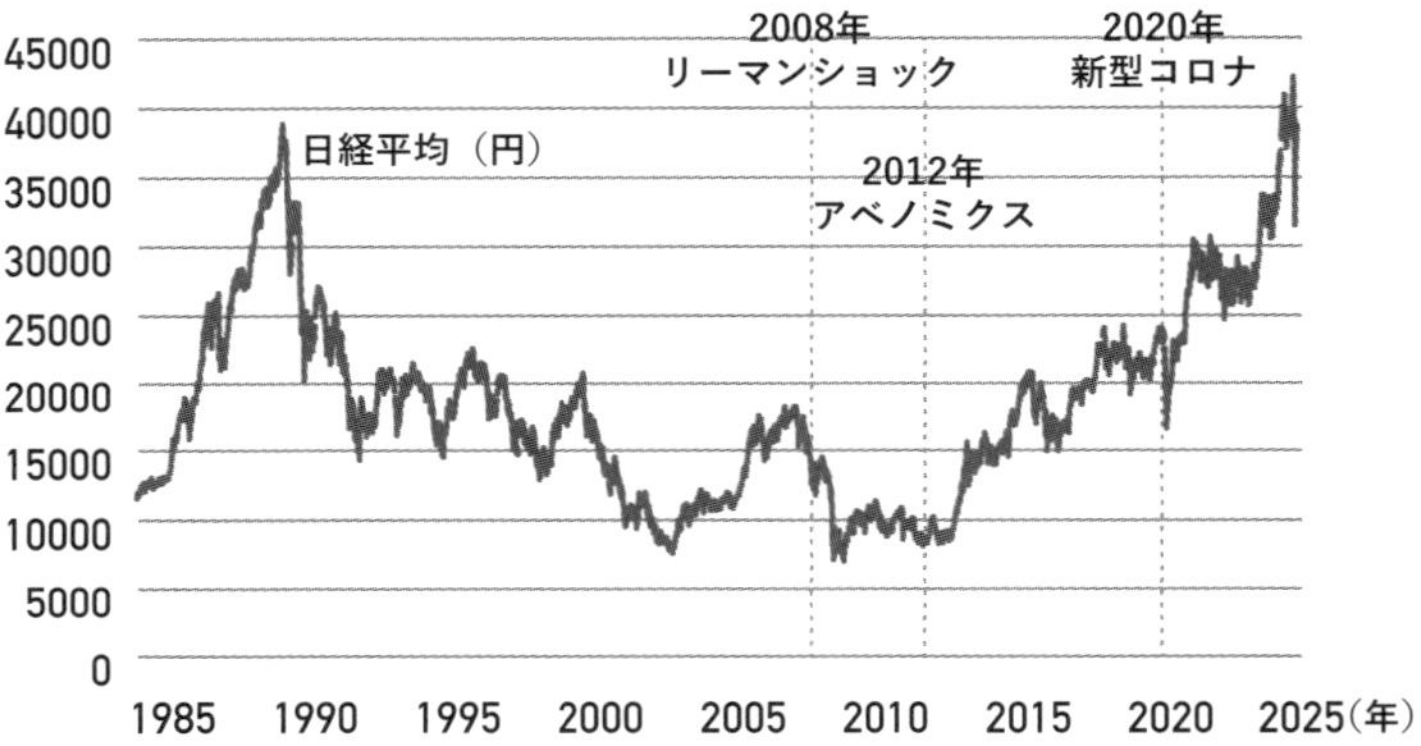

2024年9月3日時点

円台の大台に乗りました。その後歴史的な乱高下もあり、今後どうなるかは誰にもわかりません。ただ数年単位で見れば、２０２０年から2倍、２０１２年のアベノミクス前から比較すると、10年余りで実に4倍程度に伸びています。日経平均のみの推移を見てみましょう（図表５）。

私よりも上の50〜60代の人は株式投資に対し、なんとなくネガティブなイメージを持っているかもしれません。一方、若い世代からすれば、「株式は上がるもの」という認識を持っているのではないでしょうか。バブルの崩壊を肌感覚で体験しているかどうかは大きな違いで、株

図表6. 家計の金融資産構成

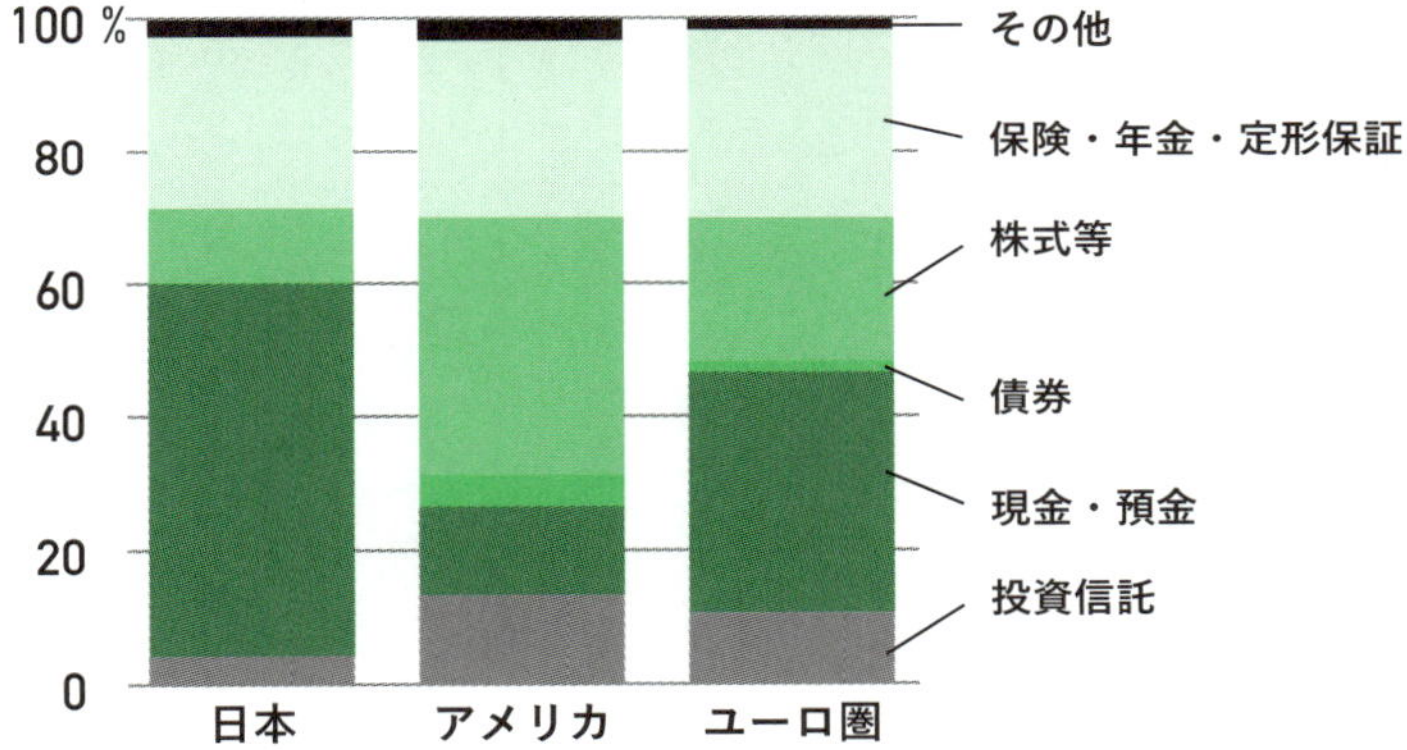

出典：日本銀行調査統計局「資金循環の日米欧比較」（2023年8月）

式投資に対して確実に世代間で印象の違いがあります。10年単位で世界は変わり、それに伴っておのずと世代の価値観も入れ替わっていくのです。

図表6を見てみると、日本人の金融資産のうち現金・預金は5割強、株式は1割に届きません。アメリカは現金・預金が1割、株式が4割ほどを占め、ユーロ圏では現金・預金が約4割、株式が2割程度。実物資産である不動産は含まれていませんが、欧米に比べて余裕資産が預貯金にかたよっているのが一目でわかります。

今後1〜2年ですぐにアメリカと同じ

割合になるわけではないにしろ、日本でもこれまで銀行預金にへばりついていたお金がはがれつつあります。私見では、現在の投資熱は一過性のブームというよりは、10～20年単位での大きな変化のきざしと見ています。

HORIE'S VIEW

オールカントリーより日本株を推す理由

新ＮＩＳＡ制度をはじめ、政府が主導して国民の投資を促《うなが》した結果、おもしろいことが起きている。政府の意図に反し、新規の投資の多くがインデックス投資である「オールカントリー（全世界株式）」や「Ｓ＆Ｐ５００」に向かったのだ。

たしかにこれまで、アメリカの株式は資本主義の理論通り、右肩上がりに成長を続けてきた。だが、どこかでリーマンショックのように株価を一気に引き下げるイベントが起こる可能性は当然ある。だからというわけではないが、株価そのものの伸びしろという意味では、特にインデックス投資では日本株に投資したほうがよっぽどパフォーマンスが高いと踏んでいる。

なんだかんだいっても、東証（東京証券取引所）はアジアナンバーワンの株式市場だ。現行の古いタイプの経営者がうまくパフォーマンスを発揮できていないだけで、そもそも優良企業の数は多い。

２０２４年は歴史的な乱高下もあったが、個人的には今後の見通しをポジティブにとらえている。というのも、団塊世代が退場していくのに合わせ、経営者もどんどん団塊ジュニア世代と入れ替わっていくからだ。経営者の新陳代謝が起きれば、株主のほうを向いた経営ができる世界標準の経営者が増える。

日系企業もおのずと本来のポテンシャルを発揮するだろう。

世界を見渡してみれば、日本が80～90年代に経験したバブル時とも比べものにならないほど、富の総量は増え続けている。いうまでもなく、その背景にはスマホの発明と普及、最近ではＡＩの進化といったイノベーションがある。

２０２４年3月に、日経平均株価が史上初めて4万円台を突破したことが話題になった。本来の実力と世界の富の総量を考えれば、長い目で見て10万円台になっていても不思議ではない。

GOTO'S VIEW

ＪＴＣに見える変化のきざし

私は個別株であれば日本株も外国株も同じくらいの金額で持つのがいいと思いますが、堀江さんの日本企業に対する見立てにはおおむね賛成です。これまでＪＴＣ（Japanese Traditional Company：伝統的な日本企業）と揶揄《やゆ》される日系企業の多くは、株主に向き合ってこなかった傾向がありました。むしろ目線は社内に向き、社内政治の延長線上で社長まで出世する人が少なくなかったのです。

それでも最近になり、ようやく変化のきざしが見られるようになってきました。最近、時価総額の上位に上がってきている上場企業では、年功序列の廃止、女性や外国人の登用など、変革を推し進めはじめているのです。

実際、こうした変革がＲＯＥ（自己資本利益率）をはじめとした財務パフォーマンスにも反映されています。旧来の日本型から少しずつ脱却しつつあるのが見てとれます。

こうした潮流を加速させる契機の1つになったのが、2023年などに東証が出した異例の改善要請です。PBR（株価純資産倍率）[＊5]が1倍割れの企業に対し、東証は資本効率の改善を要請しました。同様に最近では、投資信託・運用会社の一部がPBR1倍割れ、あるいはROE8%以下の企業に対し、社長の再任に賛成しないスタンスを表明しはじめています。株主に目を向けない経営者に対するプレッシャーが高まり続けているのです。こうした変化に対応できず、旧態依然とした企業からは従業員が離れ、生産性も下がるため、淘汰されていくでしょう。

＊5 上場企業は日々株価が変動しているため、「時価総額（株価×発行済み株式数）」を「純資産」で割ったPBRも日々動く。日本では、約5割の企業のPBRが1倍を割りこんだ状況が問題視され、東証は企業に資本効率の改善を促した。

HORIE'S VIEW

円安が経済にもたらすポジティブな影響

僕が日本株を推すもう1つの大きな理由が、コロナ禍明けごろからの円安基調だ（図表7）。円安が進むと、「海外旅行先で1食こんなにかかる」など話題になることもあ

図表7. 為替の推移（米ドル/円）

2024年8月28日時点

るが、当然ながら円安にはデメリットだけではなく、メリットもある。観光業におけるインバウンド消費の継続的な伸びはいうまでもなく、あらゆる産業で円安がもたらすポジティブな影響が見てとれる。

２０２４年、半導体の受託生産で世界最大手の台湾企業・ＴＳＭＣ[*6]が熊本県に工場を建設した。同社はすでに先端半導体を生産する第２工場の建設も決めている。あるいはマイクロソフトをはじめとしたＩＴのグローバル企業も続々と日本に拠点を作っている。また、製造業の分野でも国内回帰の動きが見られる。

＊6　台湾積体電路製造（タイワン・セミコンダクター・マニュファクチャリング）

こうした恩恵を受けられるのも、日本が独自通貨を持っているからに他ならない。たとえば、２００９年にギリシャが経済危機を迎えたのは独自通貨を持っていなかったのが一因になっていると考えられる。もちろん欧州連合（ＥＵ）の共通通貨であるユーロによって下駄を履かせてもらえる部分も大きいのだが、その代償も小さくないという教訓になったのがギリシャの事例だ。

自国通貨が暴落することでダメージをこうむる産業もある一方、輸出産業には福音になる。いうまでもなく、諸外国の通貨に比べて相対的に価格が安くなるからだ。それが流動性のある独自通貨を持っていることの利点である。

また、そもそも円安が無限に続くはずがないと僕は考えている。日本円のように流通総額が大きい通貨は、ヘッジファンドが操れる規模をはるかに超えている。つまり長期的トレンドで考えるなら、再び円高に向かうと考えるのが自然だ。そうなれば、国内の輸入産業にも追い風となり、日経平均株価にも経済の好循環は反映される。

GOTO'S VIEW

円安にどう対応すればいい？

近年、「悪い円安」[*7]といわれることがあります。日本人にとって海外旅行がものすごく高価なものになり、輸入に頼る度合いの大きい食品やエネルギーの値上げも進みました。一方、国民の賃上げは鈍く、国民の不満は強まりました。

＊7 円安にはもちろんメリットとデメリットの両面がある。輸出企業に追い風になるなど、円安のメリットを享受しやすい「良い円安」に対し、デメリットがメリットを上回ると「悪い円安」と言われる。円安下で日本国内で生産したモノを海外に販売すると、円の価値が安いぶん価格競争力を持つことになるはずが、近年は、日本の主産業である製造業の海外生産比率が高まったことで、円安のメリットを享受しにくい構造になっている。

しかし、市場では「円安→日本株上昇」という構図が続きました。「景気が鈍くても、株高」ということになるわけです。

そもそも日本の主要上場企業は輸出企業が多く、**「円安→株高」になりやすい傾向があります**。たとえば、日本の時価総額上位20社の顔ぶれを見てみてください（図表

8)。圧倒的首位であるトヨタは、もちろん日本でも車を多く売っていますが、アメリカをはじめ海外マーケットは比べものにならない大きさです。

東京エレクトロンも半導体製造装置を海外に売っており、AIやスマホ、自動車業界などお客さんは世界中にいます。つまり、日本株に投資していても米国株投資と似た恩恵を受けられる面があるわけです。

同じく、キーエンスもソニーグループもグローバル企業。ソフトバンクグループでさえ、保有しているアーム株に左右されやすく、実態としては海外企業に近いかもしれません。

他の顔ぶれを見ても、日本株、特に日経平均やTOPIXなどのインデックスは、「日本の景気」よりも「グローバル景気」に左右されやすいといえます。

日経平均やTOPIX連動の投資信託に投資していると、「海外経済拡大」「円安」の恩恵を受けやすいという点では、外国株投資と似ている面もあるのです(もちろん、内需企業を選別して個別株投資をしていれば、状況は異なります)。

テレビに出演していると、よく「円安にどう対応すればいいいか?」と質問を受けま

図表 8. 日本の時価総額ランキングトップ 20

順位	銘柄名	時価総額
1	トヨタ自動車	43.8兆円
2	三菱ＵＦＪフィナンシャル・グループ	19.7兆円
3	ソニーグループ	17.7兆円
4	キーエンス	17.0兆円
5	日立製作所	16.7兆円
6	ファーストリテイリング	15.0兆円
7	リクルートホールディングス	14.9兆円
8	ＮＴＴ	14.4兆円
9	三井住友フィナンシャルグループ	13.0兆円
10	信越化学工業	12.8兆円
11	三菱商事	12.7兆円
12	伊藤忠商事	12.4兆円
13	ソフトバンクグループ	12.4兆円
14	中外製薬	11.9兆円
15	東京エレクトロン	11.9兆円
16	第一三共	11.7兆円
17	東京海上ホールディングス	11.2兆円
18	ＫＤＤＩ	10.9兆円
19	任天堂	10.3兆円
20	ソフトバンク	9.8兆円

2024年9月3日時点
出典：日本経済新聞「日本株ランキング」

す。すぐにできる対応は**余裕資産の一部を外貨資産にすること**だと思います。直近で使う予定のない預金のうち、たとえば30％程度を外貨に回しておけば、円安になったときのダメージを抑えられます。ただし、具体的に何％が適当かは年齢や家族構成、収支などによるので、「30％」はあくまで目安です。

２０２４年までの円安インフレで「日本人が貧乏に」といった解説がＳＮＳやメディアで増えました。２０２４年夏からは円高に反転しましたが、長い目では円安リスクに備えておくことは大切です。資産を海外に分散したり、自身の仕事を時代の転換に合わせるよう努めれば、「日本人が貧乏になる」リスクは抑えられるはずです。

変化に対応する意識と行動力を持つことが、一段と大切になってきていると感じています。

「高い」も「安い」も永遠には続かない

２０２２年以降の大幅な円安の主因は日米金利差でした。アメリカは５％台まで金利を上げましたが、日本は2024年に利上げしたといっても、ずっと0％近辺。「金利の高い通貨を持っていたほうがオトク」という観点から円を売ってドルが買われやすくなりました。

もう1つの構造要因が「デジタル赤字」です。

デジタル赤字とは、日本人や日本企業がグーグル、アマゾン、ズーム、スラックなど海外企業のデジタルサービスを多く利用することで、国際収支におけるデジタル関連収支が赤字になる状況のことを指します。2023年は、その額が約5・4兆円におよびました。その分だけ、日本の企業や個人が円を売ってドルを買い、アメリカ企業にお金を払っていることになります。

アメリカのテックジャイアントによる市場の寡占《かせん》は簡単に収まりそうにありません。米企業が巨額の利益をもとに優秀な人材を囲い込み、積極的な投資を進めることで、サービスがさらに強くなるからです。デジタル赤字による円安圧力は今後もボディブローのように効いてくると見られます。

とはいえ、堀江さんが指摘するように、円安が永遠に続くわけではありません。極端ですが、仮に円安が加速し、1ドル＝200円になったとしましょう。そうなれば、インバウンドはもっと盛り上がるでしょう。観光客が日本のホテルを「安い」と感じるのと同じように、海外企業が日本企業の買収を「安い」と感じるでしょう。こうした観光客や海外企業が「外貨を円に換える」、つまり円高圧力になってくるのです。

人気が落ち気味の商品でも、半額セールにすれば「すごくほしいわけではないけど、そんなに安いなら」と、客が急に増えたりします。為替も同じで、円安が行きすぎると、別の観点を持った人たちが円買いをはじめます。つまり、**為替には綱引きのような性質があるわけ**です。

実際に、日経平均株価が歴史的な乱高下を記録した2024年の夏には、世界的な株安と同時に、長きにわたった円安基調に変化が訪れました。米景気が悪化するとの懸念から「ドル安・円高」が進んだのです。
「円安（円高）が続きそうだ」という理由づけがもっともらしくても、それに乗じた投機の動きが強まれば、あとで急激な反動が起こることもあります。
金利差や貿易といった構造的な円安圧力がかかり続けたとしても、いずれは歯止めがかかったり、急速な調整が入ったりすることは頭に置いておきましょう。

GOTO'S VIEW

「リスクテイクと意思決定」は、ビジネスにも活きる

新ＮＩＳＡ制度がはじまり、現在のように国民レベルで投資に脚光が集まる以前から、個人投資家は存在しました。ただし、その割合は全国民のうちでもせいぜい１～２割でした。それが現在では、日経平均株価の著《いちじる》しい成長に見られるように、何千万人単位の人たちが新規で投資をはじめています。

私はこうした投資熱の高まりを好意的にとらえています。なぜなら、投資に参加する国民の数が増えることで、国そのものが強くなる予感を持っているからです。投資を通じてビジネスへのアンテナが高まり、政治へも関心が向きます。
実際、２０２４年８月に株価が乱高下した際の国民全体の注目度には驚きました。歴史的下落を見た日の私の解説動画は24時間以内に30万回以上再生され、堀江さんの５分動画に至っては１５０万回も観られていました。

アメリカ経済に活力がある一因に、株式投資が日本以上に広く普及している面があると思います。株高で資産形成ができるという点だけではありません。投資を通じて、企業や政策について詳しくなる。さらには、自らリスクをとって、選択や反省、さらなる行動を重ねていくということ自体がビジネスパーソンに必要な経験だからです。

日本の「貯蓄から投資へ」の流れはまだ道半ばですが、日本全体で経済の知識やセンスが広がっていけば、日本経済の活力自体も高まっていくと期待しています。

④投資詐欺《さぎ》に要注意

HORIE'S VIEW

詐欺広告：日本はプラットフォーマーになめられている

僕自身も巻き込まれている社会問題の1つに投資の詐欺広告がある。僕の画像を無断利用し、あらゆるSNSで詐欺商品に誘導する広告が氾濫《はんらん》したのだ。特にフェイスブックはひどい。こちらから何度も改善要求をしているのに対し、一向に措置《そち》をとろうとしない。フェイスブックを運営するメタ社は「本物の広告と詐欺広告が区別できない」と主張しているが、ただ単にプラットフォーマー企業から日本全体がなめられているのが実情だろう。2024年4月には、同じく詐欺広告の被害に悩まされ続けているZOZO創業者の前澤友作《まえざわゆうさく》氏とともに自民党の会合に出席し、政府に対応を求めた。その結果改善はされたのだが、僕が正式に登場している関連企業の広告まで消したのだ。この動きを見ても、なめられていると感じてしまう。

そもそも、僕は以前からメタを「邪悪な会社」だと認識している。フェイスブックは最初からフェイスブックだったわけではない。当初は「フェイスマッシュ（Facemash）」というサービス名で、ランダムに表示される2名のハーバード大学の女学生のうち、ユーザーが好みのほうを選んでいくという悪趣味なサイトだった。

グーグルはメタとは対照的に、創業初期から社是に「邪悪になるな（Don't Be Evil）」をかかげている。そのグーグルやユーチューブには比較的、詐欺広告が少ない。この例1つとっても、創業者の精神は必ず企業文化に染み出していくと僕は思う。だから、創業者の性格や意思を確認することは、株選びでも重要な項目になる。この点に関しては次章でも触れたいと思う。

GOTO'S VIEW

投資詐欺はこれから増える可能性

私もXやnoteでなりすましアカウントがたくさんできています。LINEなどに誘導する例も頻発しています。

ＬＩＮＥなど匿名性の高いプラットフォームは投資詐欺に悪用される例が多いようです。著名人の名前や顔があっても、安易に信頼しないようにしましょう。特にＬＩＮＥなど別のアプリへの誘導を促される場合は要注意です。

また一度お金を預けてしまうと、戻ってこないリスクがとても高まります。耳当たりのよいフレーズであっても、信頼できそうな相手であっても、**お金を他人に預けることにはしつこいくらい慎重になってください。**

というのも近年は投資にまつわる詐欺が増えているからです。

株高や円安、新ＮＩＳＡによって投資の関心が高まり、「投資で資産が増えた」という人も実際数多くいます。このことは詐欺集団が目をつけやすいことと裏表です。

「儲かりそう」というイメージがあるとともに、「ちょっと難しそう」というのは、いかにも詐欺の余地がありそうです。そして投資関連だと、何百万円や何千万円というまとまった額の被害が起こりえます。

詐欺集団は「詐欺の専門家」です。「どうすれば人はだまされるのか」。数多くの事例をもとに、ノウハウを蓄積しています。みなさんが「私はだまされない」と思っていても、詐欺集団の思いのままにひっかかってしまうリスクは排除できません。

そして投資詐欺というと、多くの資産を持った高齢者が狙われやすいイメージがあるかもしれませんが、ほとんど貯金のない若者が狙われるケースも少なくありません。社会経験が少ないぶん、だまされやすい面があります。貯金がなくとも、借金させることで大きな被害に遭うこともあります。

万が一「詐欺かも」と思うことがあれば、消費生活センターに相談してください。電話番号は「**188（いやや）**」です。事情を説明すれば、確認すべきこと、行動すべきことなどアドバイスをもらえるはずです。

第一章　まとめ

□ **株式投資はビジネスパーソンに欠かせない教養。**さまざまなニュースがつながり、センスやリスク感覚も高まる。

□ **投資初心者には、投資信託がオススメ。**基本は余裕資産の2〜3割を、コツコツと長期・分散。

□ 投資信託に慣れてきたら個別株投資も。**自分の好きな企業に直接投資できる点が魅力**だが、分散が難しくリスクが高い。「5年後も応援できるか」で銘柄を選別。

□ **日本企業の本来のポテンシャル**が引き出されつつある。経営者の世代交代やROE向上のための改革が進んでいる。円安は輸出産業にとって大きなメリットで、TSMCやマイクロソフトなど海外企業の日本進出も加速している。

□ 株式投資は「おもしろい」！　でも大切なことは頭に入れておこう。

第二章

注目銘柄の探しかた

「気になる企業」はありますか?

GOTO'S VIEW

自分の関心が出発点

第二章から、どのようにして注目すべき銘柄を探っていくか、堀江さんとともに見ていきましょう。本章では、注目業界やテーマからの連想、そして経営者への共感や公開情報から銘柄をピックアップする観点を取り上げます。ここでも個人の投資の基本的な心構えとして、「長期」「分散」が大切です。

特に投資初心者は、「まずは自分が興味のある業界や企業、あるいはすでによく使っている製品」から探るのがいいでしょう。自分になじみはないのに、「ただ世の中から注目されている」「株価が上がりそうなチャートだ」といった理由だけで銘柄を選ぶと、予想外に株価が下落したときに長期的な視点で長く持っていようという気持ちは保ちづらくなります。**投資は長期が基本ですから、その銘柄と長く付き合えるという「親近感」も大切だと思います。**

関心の高い分野でアンテナを広げておくと、あるときに「これとこれって、実はつながるんじゃないか?」と、まだみんなが気づいていないチャンスに気がつくことがあります。世の中の公開情報は無限に存在するため、そのすべてを咀嚼《そしゃく》するのは不可能です。数ある情報をどのようにつなげて意味や可能性を見出すのかは、個人の教養やセンスに依存する部分も小さくありません。その意味で、インプットの起点が公開情報であったとしても、なじみの深い分野では投資のアイデアに巡り合える可能性が高まりやすいのです。

HORIE'S VIEW

「遠くのものは避けよ」

後藤さんが言うように、まずは自分の関心のある領域から投資をはじめるのが得策、というか基本だ。投資の格言に「遠くのものは避けよ」という言葉がある。僕だって自分の知っている業界の株以外に手を出すことは決してない。どんな銘柄でも、株価には波がある。自分が関心を持って、「応援したい」と思える企業であれば、株価が一時的に下がったとしても、あまり気にならないはずだ。

一方、周囲に流されるまま買った銘柄の株価の下降はどうしたって気になってしまう。反対に、自分が造詣を深く持っている領域であれば、一時的な株価の変化に一喜一憂することなく、冷静に状況を分析することができるだろう。平穏な精神衛生を保つうえでも、**背伸びすることなく、自分の関心や知識の範囲内で投資を行うべきだ。**

2-1 業界投資

GOTO'S VIEW

業界も分散投資が基本

本項では近年日本でも注目を集めるいくつかの産業にスポットライトを当て、その可能性を堀江さんと探っていきます。自分でも注目業界を見つける視点のヒントにしてみてください。

ただ、たとえ「注目業界だ」と思ったからといって、自分のポートフォリオをすべて1つの業界にかたよって投資することは、分散投資にならないので注意しましょう。もしポートフォリオ全体で50銘柄ほど買える資金力があるならば、1業界で数銘柄に投資してもよいかもしれません。

トヨタかテスラか？
いまだ日本のトップ産業：自動車業界

HORIE'S VIEW

テスラは自動車メーカーではなく「ＩＴ企業」である

トヨタをはじめとした旧来型の自動車会社とテスラには決定的な違いがある。トヨタが自動車製造会社なのに対し、テスラは「走るパソコン」を生み出すソフトウェアの会社だ。テスラに乗っている人ならご存じのように、テスラは定期的にソフトウェアのアップデートが行われる。ハードウェアをいじることなく、ある日突然、昨日まではついていなかった無人での車庫入れ機能が実装されたりするわけだ。

つまり、**「車を買っておしまい」ではなく、常に車が進化をし続ける。**

トヨタはたしかにＥＶ（電気自動車）を作ることはできるかもしれないが、思想レベルでテスラのソフトウェアに追いつけるとは考えにくい。

図表9. テスラvsトヨタの時価総額

2024年4月16日時点
注：テスラの時価総額は、ドル円相場をかけた数値

自動車メーカー各社の命運を握ると考えられているのがEVだが、今後、自動車業界に訪れる革命として、いよいよ自動運転が実現するのではないかと予測している。

実際、すでにテスラはソフトウェアをニューラルネットワークベースに切り替えている。生成AIの進化も追い風となり、いよいよ完全自動運転が現実味を帯びてきた。

EVの未来を占う

EVの動向を占ううえで、押さえな

ければならないポイントがいくつかある。まずは**各国のエネルギー政策**である。ロシア・ウクライナ戦争の影響でＥＵのエネルギー政策が変化してきている。ロシアからのガスパイプラインが止まったことにより、特にドイツは大きな打撃を受けた。戦争がきっかけで天然ガスの料金が高騰したことで、いま一度原子力発電の必要性が見直されてきている。日本もヨーロッパと同様、天然ガスのガスタービン発電に依存している部分が大きいため、同じ議論が起こるだろう。長期的に考えれば、電力料金は減少傾向をたどることが予測される。

コストが安く、昼夜を問わず安定的に発電できる電力源のことを「ベースロード電力」と呼ぶ。電力がさほど使用されない夜間帯に発電される余剰エネルギーをＥＶに充《あ》てることが、ＥＶビジネスの１つのポイントとなる。すなわち、**ＥＶシフトと原発政策**は切り離せないアジェンダなのだ。

ＥＶを国策に据《す》え、産業の成長を支援しているのが中国だ。自動車業界の時価総額でトヨタの次、３位に位置する電気自動車メーカー・ＢＹＤ（ビーワイディー）の名前をよく耳にしたこともあるかもしれない。
旧来型の自動車とＥＶの一番の違いは、製造に必要となる部品の点数である。ＥＶには実際に実験をしてノウハウを蓄積しなければ作れないガソリンエンジンが存在しないため、製造のハードルが低い。新規参入も可能かつ、市場規模も大きいからこそ、中国はこの産業に懸けているわけだ。

GOTO'S VIEW

テスラ株を買ってみた

テスラ株は２０２３年の終盤から２０２４年春にかけ、株価が大きく下がりました。中国が安価なＥＶを世界に輸出したことで、ＥＶが過剰供給となり、テスラの当面の業績への警戒が広がったのが主因です。

堀江さんとテスラの話をしたのが２０２４年の４月でした。ＥＶや自動運転は長い目で見れば成長していく市場であることは変わりないでしょうし、「ソフトウェア」という面でテスラの強みは評価すべき点だと思います。

図表10. 自動車企業各社の時価総額

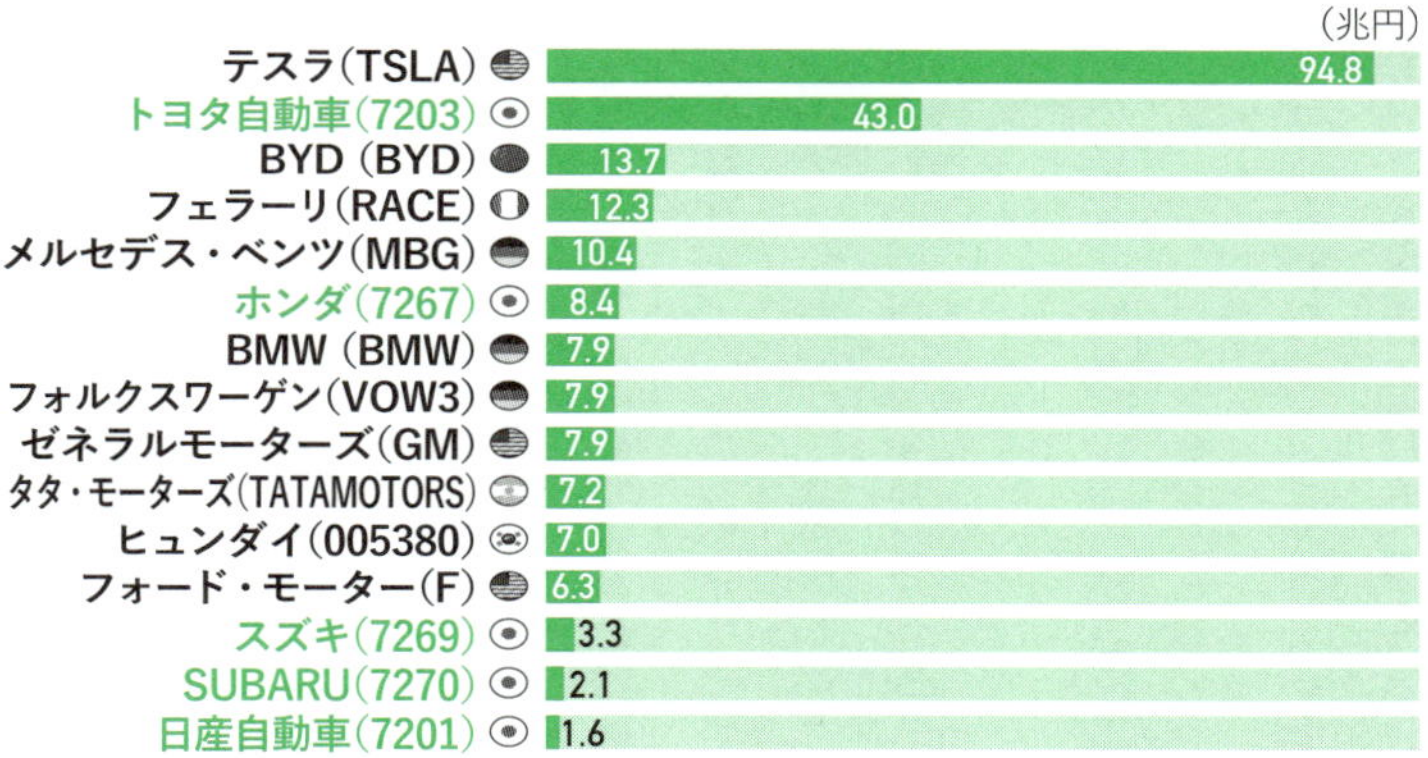

2024年8月28日時点

ＥＶ市場がすぐに急回復しないとしても、株価はそのことを織り込むように大きく下落していました。外国株の一部であればテスラに投じることには価値があると思い、１株１４１ドル台で購入しました。

購入してしばらくすると予想外に大きく上昇しましたが、この本の執筆時点では１株も売ったり、買い増ししたりしていません。仮に購入単価を大きく下回る場面があっても、少なくとも数年のスパンで持ち続けようと思っています。

もちろん株価が上がればいいのですが、

そうでなくともテスラ株を持っていることで、ＥＶや自動運転を取り巻く世界の動きに敏感になります。当然日本の自動車メーカーのニュースもいろいろとつながってきて、知識が広がっていきます。

なお、日本の自動車業界においてはトヨタ、ホンダ、日産がビッグスリーのような位置づけでイメージされることが多いと思います。

ただし、実際に自動車メーカー各社の時価総額を並べてみると、各社には大きな開きがあります（図表10）。トヨタの時価総額が約43兆円なのに対し、日産は１・６兆円、実に約25倍の差がついているのです。同様に、トヨタとホンダにも時価総額に大きな開きがあります。自動車の販売台数自体ではそこまで大きな差はないものの、収益力をはじめとした経営のあらゆる指標においてトヨタがリードしています。

GOTO'S VIEW

日本が強いのはやはり製造業

世界でも高い競争力で活躍できる**日本企業の多くはいまも製造業が中心**です。日本の時価総額上位を見てもトヨタやキーエンス、東京エレクトロンなど、製造業が多く並びます。

モノは品質や価格の競争力があれば、言葉の壁を超えて、売れます。アメリカではいまでもトヨタやホンダの車は数多く走っています。

一方、ＩＴ産業をはじめとした非製造業にはどうしても言語の壁が立ちはだかります。グローバルマーケットでアメリカが圧倒的なポジションにいるのも、英語がグローバルスタンダードになっている側面が大きいでしょう。たとえば、楽天市場がどれほど便利であっても、アマゾンのようにＥＣで世界を席巻《せっけん》するハードルはとても高いわけです。

HORIE'S VIEW

各自動車メーカーの企業文化に根づく創業者の精神

先ほど「思想レベルでは」と技術的な話をしたが、後藤さんにならって時価総額の推移については客観的に見ておこう。図表11のチャートは、日本の大手自動車メーカーであるトヨタ、日産、ホンダとテスラの株価を並べたものだ。２０２４年５月、トヨタは過去最高となる「営業利益の5兆円突破」を発表、株価も上昇傾向にある。一方、テスラは2021年に記録した最高値からは低迷が続いているのが現状だ。

前章でメタの詐欺広告の件について触れたとき、**創業者の意思は企業文化に受け継がれる**と述べたが、この話は各自動車メーカーにも当てはまる。

日産は戦前に設立された会社だ。創業者である鮎川義介《あいかわよしすけ》の時代には意思と勢いがあったのだろうが、戦後の財閥解体・公職追放などを経て、気づけば完全なる「JTC」へと骨抜きにされてしまった。2001年にカルロス・ゴーンがCEOに就任してから、企業としての盛り返しを見せたものの、その後何が起きたのかはみなさんが知っての通りである。

一方、ホンダはどうだろうか。日本を代表するカリスマ経営者の一人に数えられることも多い、本田宗一郎《ほんだそういちろう》によって創業した同社には、伝統的に新しいモノづくりに挑戦するDNAが刻みこまれている。事実、ジェット機の製造に成功した自動車メー

図表11. 自動車企業4社の株価（過去10年）

注：単位＝円（テスラのみドル）

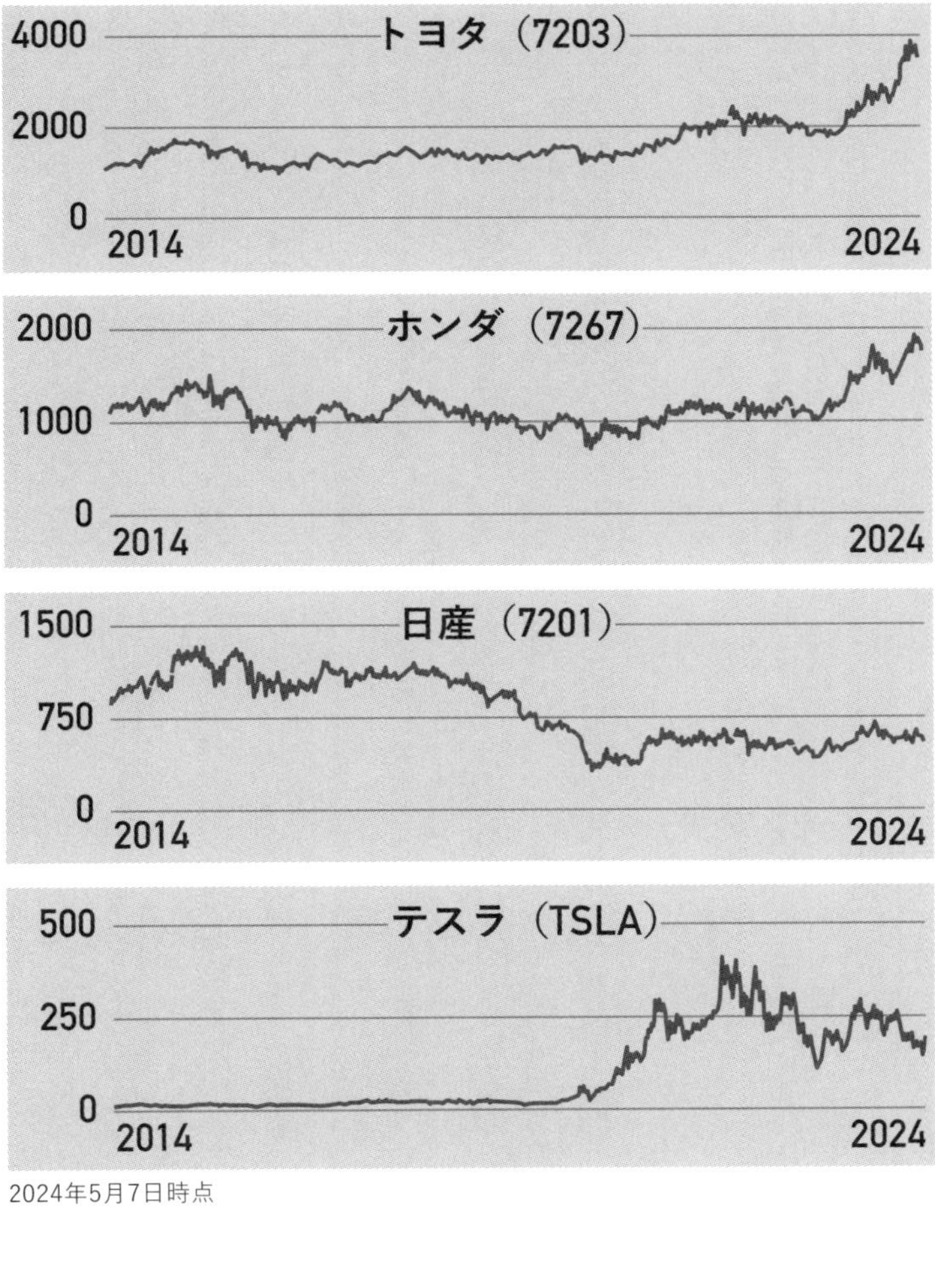

2024年5月7日時点

カーはホンダだけだ。

トヨタの歴史や企業文化について知りたければ、梶山三郎《かじやまさぶろう》さんの小説、トヨトミ三部作（『トヨトミの野望』『トヨトミの逆襲』『トヨトミの世襲』（すべて小学館））をぜひ読んでみてほしい。建前としてはフィクションなのだが、克明《こくめい》にトヨタの軌跡や内情が描かれている。日産に比べてなぜトヨタが、いわゆる「ＪＴＣ」っぽくないのか。それはトヨタがどこまでいっても、オーナー企業だからではないかと考えている。

２０１０年、新社長に就任したばかりの豊田章男《とよだあきお》氏がリコール問題で米議会の公聴会に呼び出されたのを覚えている人も多いだろう。創業家としての誇りと責任を持って答弁に応じ、涙のスピーチを行った。結果、その姿勢がアメリカでも認められ、大逆転を収めたわけだ。

この功績により、それまでは「あいつは創業家のボンクラだ」と揶揄していた人たちも、創業家の揺るぎないカリスマ性の強さに気づかされただろう。

トヨタとテスラに共通する点は、両社ともカリスマ社長が率いていることだ。トヨタの場合は世襲であるが、それでもなお、この時代に「顔の見える」創業家が率いている強みはある。

AI創薬に注目：製薬業界

HORIE'S VIEW

肥満症治療薬で注目を集めるイーライリリー

続いて、製薬業界を見ていこう。製薬に関しても国内だけを見ていても仕方がない。なぜなら時価総額ランキング（図表12）を見ても明らかなように、**日系の製薬会社はグローバルで見ればプレゼンスは低い**からだ。

製薬の巨大企業であなたが思いつく企業はどこだろう？　日本人になじみ深い企業として、ジョンソン＆ジョンソンやファイザーの名を挙げる人が多いのではないだ

図表12. 製薬企業の時価総額

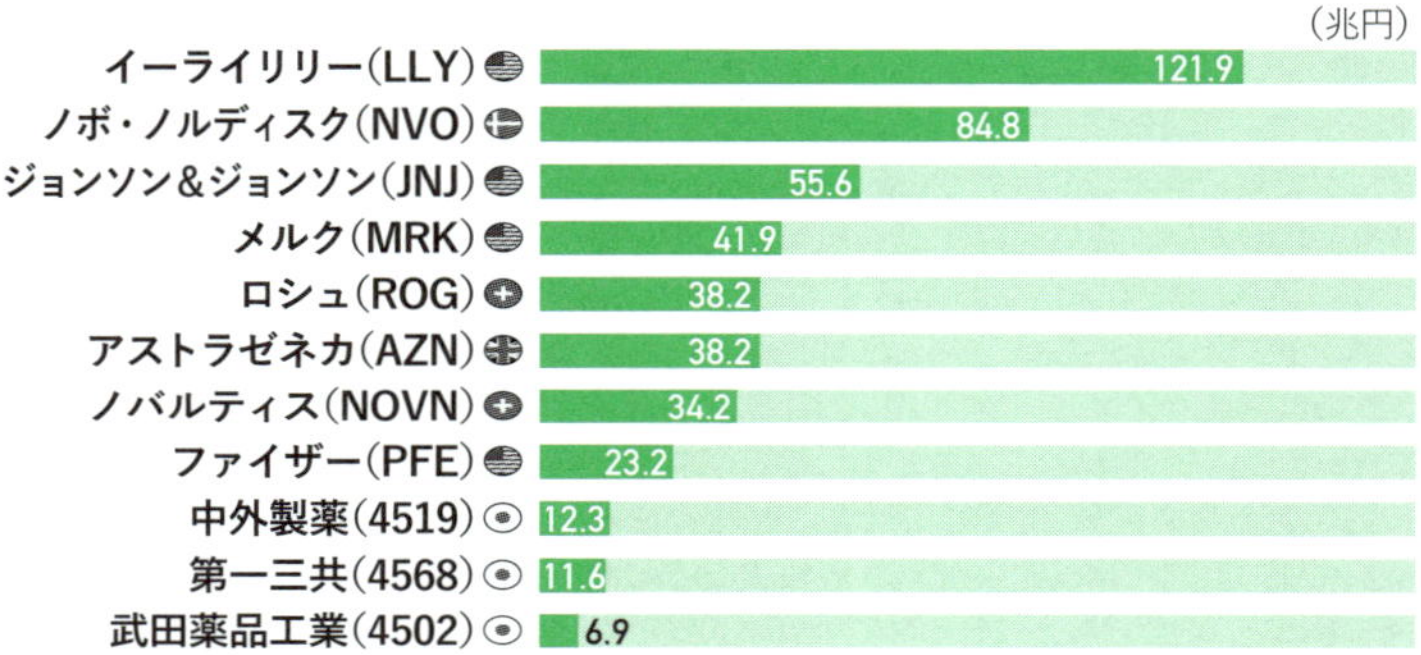

2024年8月28日時点

ろうか。しかし、上の図表12を見ても明らかなように、現在世界で最も注目を浴びる製薬企業といえば、世界一位の時価総額を誇るアメリカのイーライリリーである（図表13）。

　イーライリリーは脾臓《ひぞう》に作用し、インスリン分泌を促したり、血糖値を下げたりする効果がある「GLP-1受容体作動薬」で世界から注目を集めた。この薬は食欲を抑える作用もあるため、肥満症治療薬として脚光を浴びた。

　一時期、僕自身も服用し、その効果を体感していた。食事の量が一気に減るため、いまは使っていない。

図表13. イーライリリー（LLY）の株価

配当利回り（%）	PBR（倍）	PER（倍）	ROE（%）
0.8	51.37	105.6	48.93

事業内容　神経科学・心臓代謝・がん・免疫学に重点を置く製薬会社
肥満症薬で株価が1年で2倍に

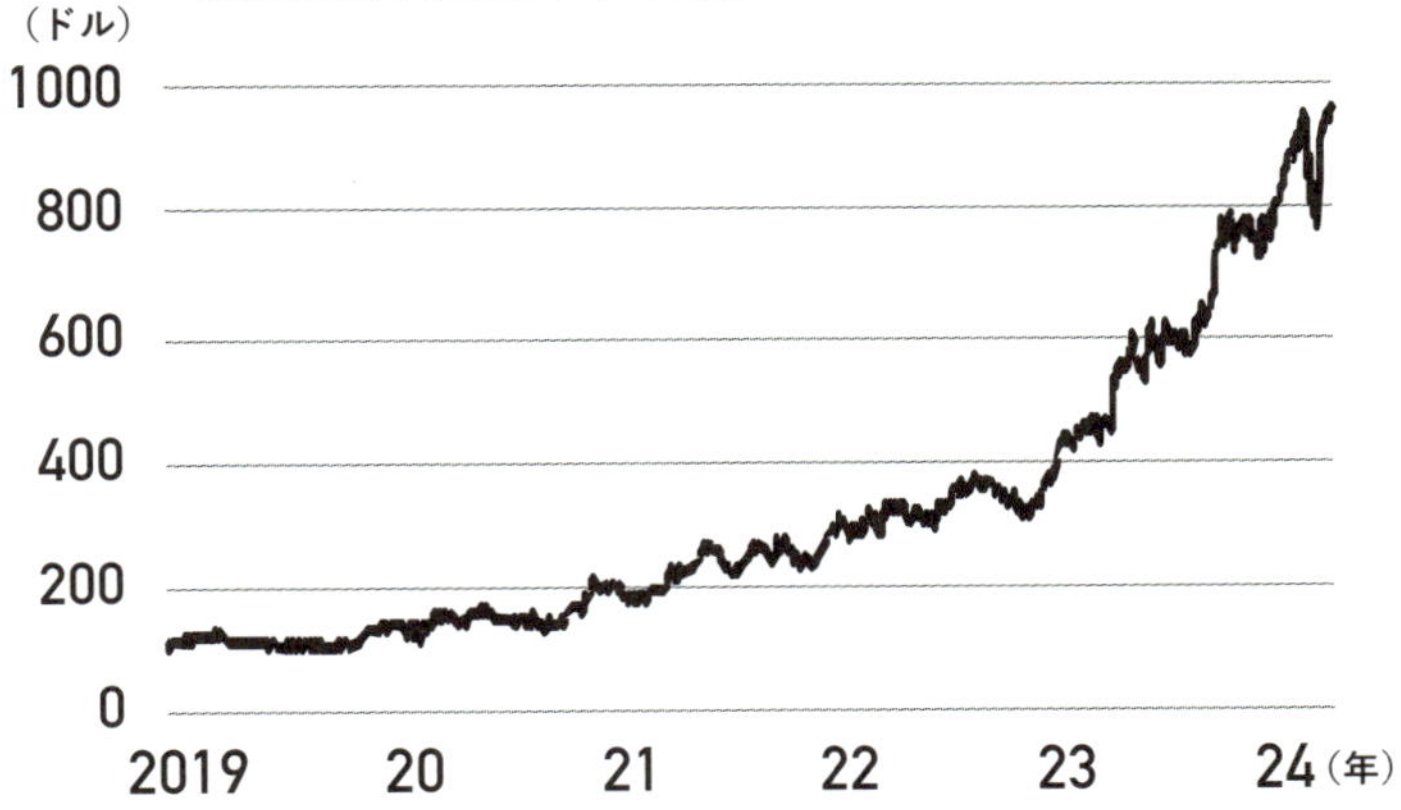

2024年8月30日時点

グローバルで見たとき、特に先進国には肥満を改善したいという圧倒的に大きいマーケットが存在する。また、コロナの治療薬などに比べ、平時から需要が落ちることがないため、特許が切れるまでは高い収益性を維持するだろう。

日本においては肥満症治療薬の乱用がニュースで取り上げられたが、これは完全に医療業界のミスリードである。日本の医療は多くの場合、「病気になったものを治療する」という考えをとる。つまり、予防医療の考えが欠けているのだ。

肥満になる前から、肥満症治療薬を用い、肥満を防ぐほうが賢い。欧米に比べて肥満症が少ない日本人であるが、膵臓《すいぞう》が弱いためインスリンが出せなくなることを予防し、糖尿病を未然に防ぐ意味でも、この薬に期待される効用は大きい。

GOTO'S VIEW

米欧企業のプレゼンスが圧倒的に高い

堀江さんが指摘するように、国内の製薬会社よりも海外のひと握りの巨大企業がどんどん強くなっているのが、製薬業界の構図です。**圧倒的なグローバルブランド**により、マーケットを制圧し、莫大な収益を**研究開発投資に回す**。この好循環によって、規模を拡大し続けています。

数年前であれば、日系企業として武田薬品がトップであったものの、近年のグローバルマーケットにおいて日系の製薬企業のプレゼンスは相対的に低くなっています。コロナ禍においても日系の製薬企業の活躍は欧米に見劣りした面は否めません。現在の業界の基本構図がしばらく続いていくだろうというのが私の見立てです。

HORIE'S VIEW

ＡＩで創薬が変わる

製薬業界の行く末を占ううえで、必ず押さえなければならないのが「ＡＩによる創薬」だ。ＡＩ技術の進化により、創薬が劇的に変わる可能性がある。

簡単に説明すると、レセプター（受容体）にパチンとハマる物質を見つけることが薬の基本的な要件である。いままでは、それこそ東南アジアのジャングルの土から採取された土に含まれる物質や、カエルの粘膜の表面から採取してきた成分からターゲット薬の候補を見つけ、感度を上げていく原始的な手法がとられていた。ようはレゴブロックの要領で、分子構造を変えた物質をある意味当てずっぽうに変えながら、ランダムな試験を通じて創薬をしていたわけだ。当然、この方法では非常に効率が悪い。

そこで期待されるのがＡＩである。

２０２４年5月、アルファベット社の子会社である人工知能を研究・開発する企業グーグル・ディープマインドは、「アルファフォールド」の改良版となる「アルファフォールド3」を公開した。アルファフォールドはタンパク質の構造予測を実行する人工知能プログラムであり、タンパク質の折り畳み構造を原子の幅に合わせて予測する深層学習システムとして設計されている。

創薬においても、レセプターに合致する分子構造を持つ物質を効率的に発見してくれるのだ。

この技術によって製薬業界にどんなブレークスルーが起こるかといえば、**アメリカやヨーロッパの超巨大企業でなくとも、スタートアップが革新的な薬を生み出すかもしれない**ということだ。

実際、コロナ禍において一気に株価を伸ばした、RNA創薬のモデルナやドイツのビオンテックはいずれもベンチャー企業である。資本力が限定的だったビオンテックはファイザーと組んだわけだが、実際にファイザーが担《にな》ったのは大規模な治験とマーケティングの部分である。核心的な創薬の部分はビオンテック自身が自ら取り組んでいる。

コロナが起きていなければ、RNAワクチンは絶対に実現しなかっただろう。それでもいまから5年後、イーライリリーやモデルナ（図表14）のようになっている可能性のある銘柄を見つけるためには、日頃から探索し続けるしかない。

AI創薬の分野はいま最もホットな領域であることは間違いない。

ちなみに僕は最近、2023年に設立された大学発のスタートアップ、アンチキャンサーテクノロジズにベンチャー投資を行った。同社はAIを活用し、悪性度の高いがん（膵《すい》がん・小細胞がんなど）の革新的な治療開発に取り組んでいる。

図表14. モデルナ（MRNA）の株価

配当利回り（%）	PBR（倍）	PER（倍）	ROE（%）
–	2.74	–	-28.59

事業内容　ミッションは「mRNA医薬で人々に最大の可能性を」

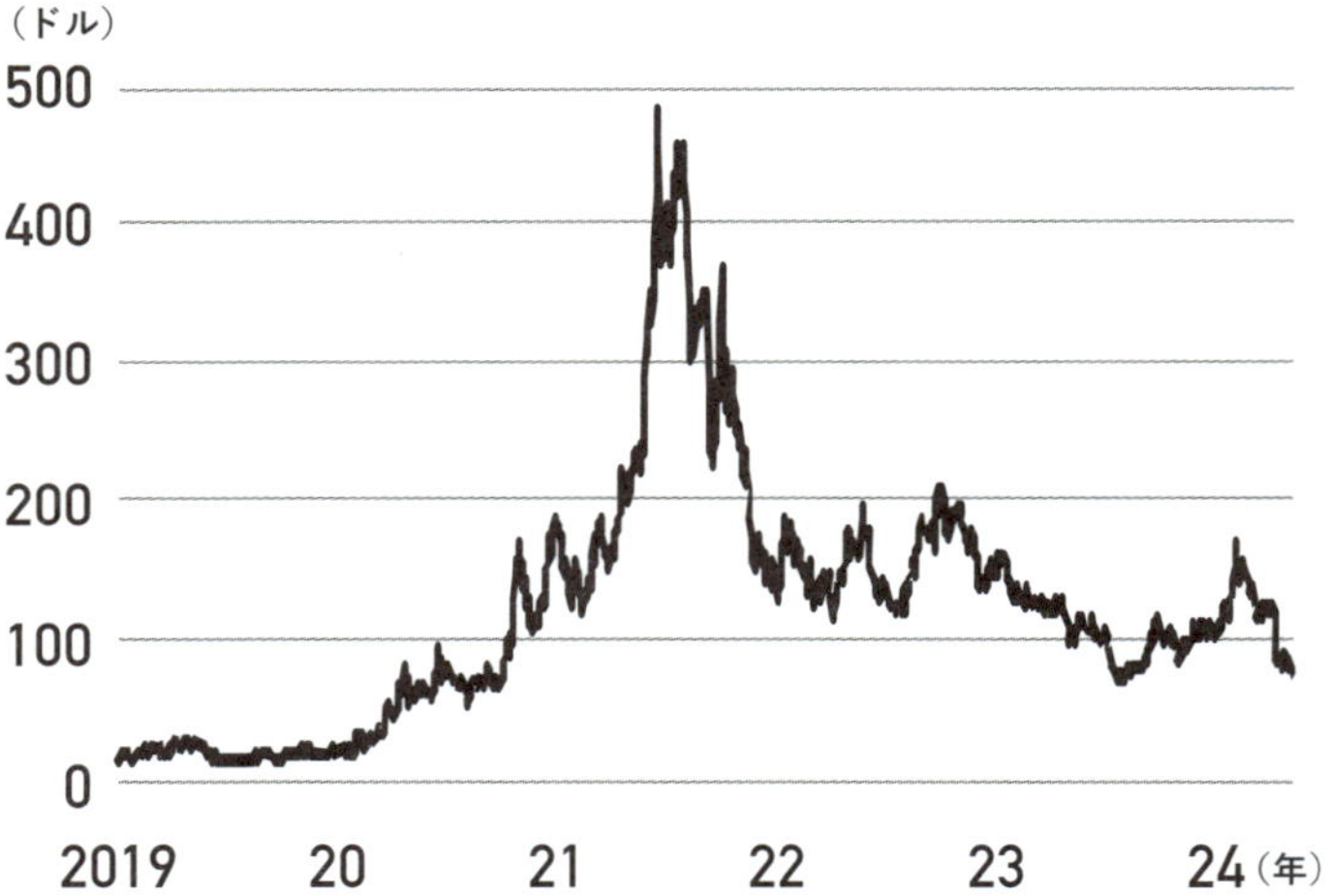

注：上場は2018年12月
2024年8月30日時点

こういった医療分野は、テクノロジーの発展により飛躍的に伸びていく可能性を秘めているのである。

生成AIの立役者：半導体業界

GOTO'S VIEW

右肩上がりが続く半導体市場

「テーマ投資」の最後に、近年のホットトピックである半導体業界を取り上げましょう。半導体と聞いてもなじみのない方も少なくないと思います。しかし、近年のAIの進化と盛り上がりを深く理解するうえで半導体の存在を無視することはできません。コンピュータが自動で大量のデータを解析し、データの特徴を抽出する技術ディープラーニング（深層学習）において、半導体が必要不可欠となります。

国内外の半導体関連の注目企業の株価の動きを一見すると、株価そのものは過熱していたように見えるかもしれません。ただし、こうした動きに比例してＡＩが世界を変えているのは事実です。エヌビディアを見ても、ＰＥＲは40倍程度。もちろん世の中の全体的な対比では高いかもしれませんが、「すでに高い利益を稼いでいる」という意味では、２０００年代のドットコムバブルのような状況と異なります。**ＡＩが一過性のブームで終わるのではなく、経済や社会に大変革をもたらすのであれば、**その技術の中心を担う物理的な素材である半導体業界の盛り上がりも、一過性の「ブーム」ではないと見ていいでしょう。

HORIE'S VIEW

盤石《ばんじゃく》なポジションにいるＴＳＭＣ

一口にＡＩや半導体といっても、各社その内実はさまざまである。エヌビディアは工場を持たないファブレスの**半導体設計**の会社であり、ＴＳＭＣ（図表15）は半導体の**製造**を行っている会社だ。つまり、各社は水平分業をしている。各社の株価を考える際にも、こうした業界の構造を理解しておく必要がある。

図表15. TSMC（TSM）の株価

配当利回り(%)	PBR(倍)	PER(倍)	ROE(%)
1.9	4.48	18.1	26.90

事業内容　1987年 台湾や世界初の半導体専攻のファウンドリとして設立

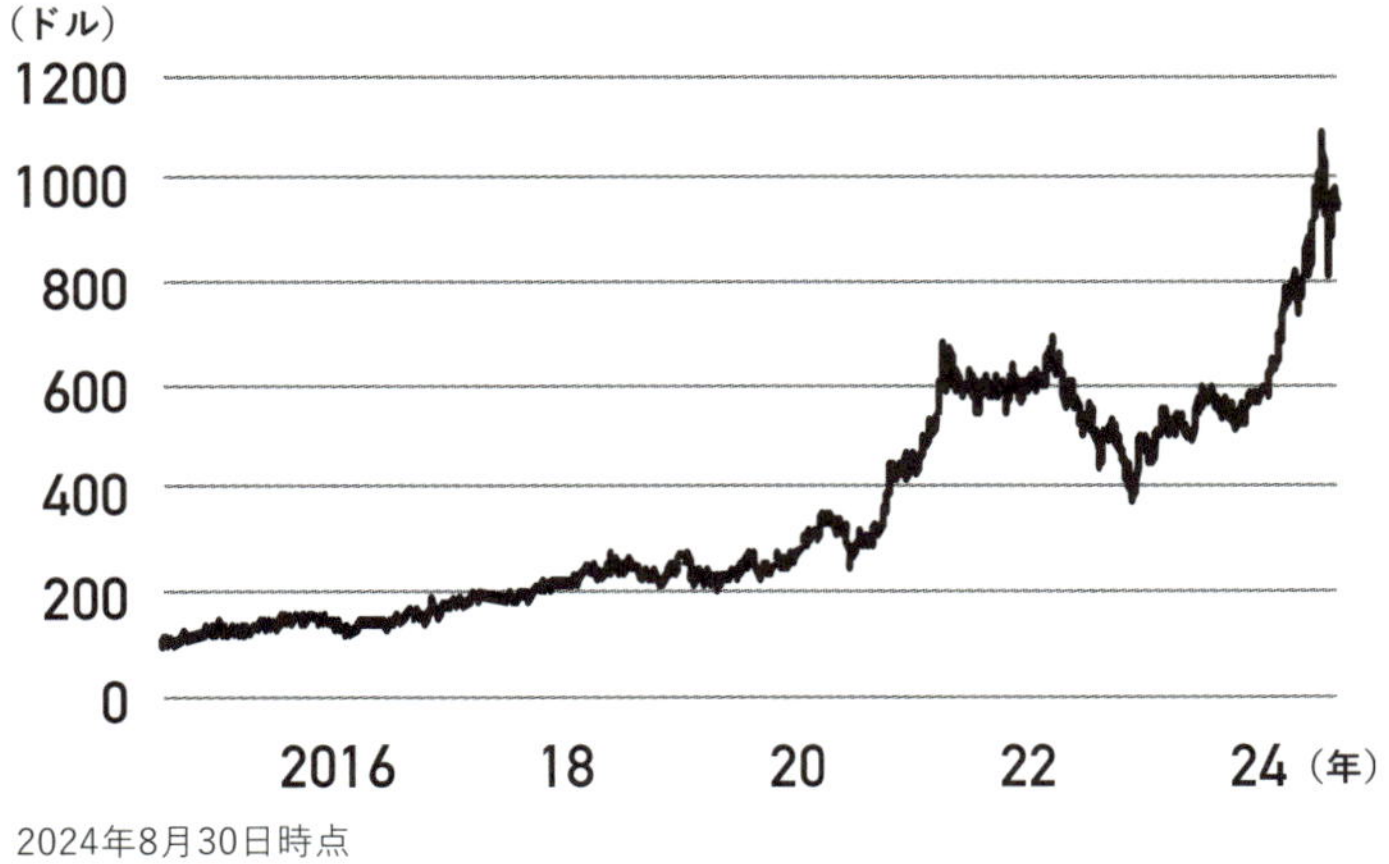

2024年8月30日時点

とりわけ、すでに半導体製造のシェアを押さえているＴＳＭＣは今後も強いポジションを維持し続けるだろう。ＴＳＭＣは、車載用の古いタイプのＣＰＵ（後述する）をはじめ、あらゆるタイプの半導体を製造している。現在、半導体製造プロセスは分子レベルに近づいてきている。分子レベルということは、それ以上は物理的に細かくはできない状態だ。いまのＣＰＵやＧＰＵの世界はそれを立体積層にし、さらにそれをマルチコア化（１つのプロセッサの中に複数のＣＰＵコアを内蔵すること）している。

そういった技術を応用して「ＭＥＭＳ《メムス》」といわれる微小な電気機械システムも作られている。センサーといえば昔は機械的なものだったが、いまでは半導体のプリント技術により、マイクロマシン化している。スマホ、ドローン、人工衛星などあらゆる製品の高付加価値化を支えるデバイスとしてＭＥＭＳが活用されているのだ。

とはいえ、ＴＳＭＣが担っている半導体の製造において、すぐに破壊的ディスラプションが起こるかといえば、その可能性は低いだろう。すでにある技術を進化させていくような状況であり、「無の状態から有を生み出していく」ような状態ではないからだ。しかし逆にいえば、ＴＳＭＣにはノウハウの蓄積と豊富な資金があるので、政治的リスク以外では、容易に揺るがないポジションを築いているといえるだろう。

ＧＰＵの覇者、エヌビディアが強い理由

半導体業界を語るうえで外せない企業に、エヌビディア（図表16）がある。一時はアップルやマイクロソフトを抜いて**時価総額が世界一**になったこともあり、日本でも連日連夜、その名前を耳にするようになった。そんなエヌビディアの売上の8割超がＡＩ関連だ。ここでは簡単に、エヌビディアがなぜ強いのかを解説しておこう。

ＣＰＵ（Central Processing Unit：中央演算処理装置）という言葉を聞いたことがある人は多いだろう。ＣＰＵは汎用プロセッサであり、コンピュータで扱われるデータはＣＰＵを通して制御・計算を行う。

一方、ＧＰＵ（Graphics Processing Unit：画像処理装置）はゲームや自動運転の

図表16. NVIDIA（NVDA）の株価

配当利回り（%）	PBR（倍）	PER（倍）	ROE（%）
0.0	35.36	51.1	91.46

事業内容　半導体の中でも特にGPUの設計に特化

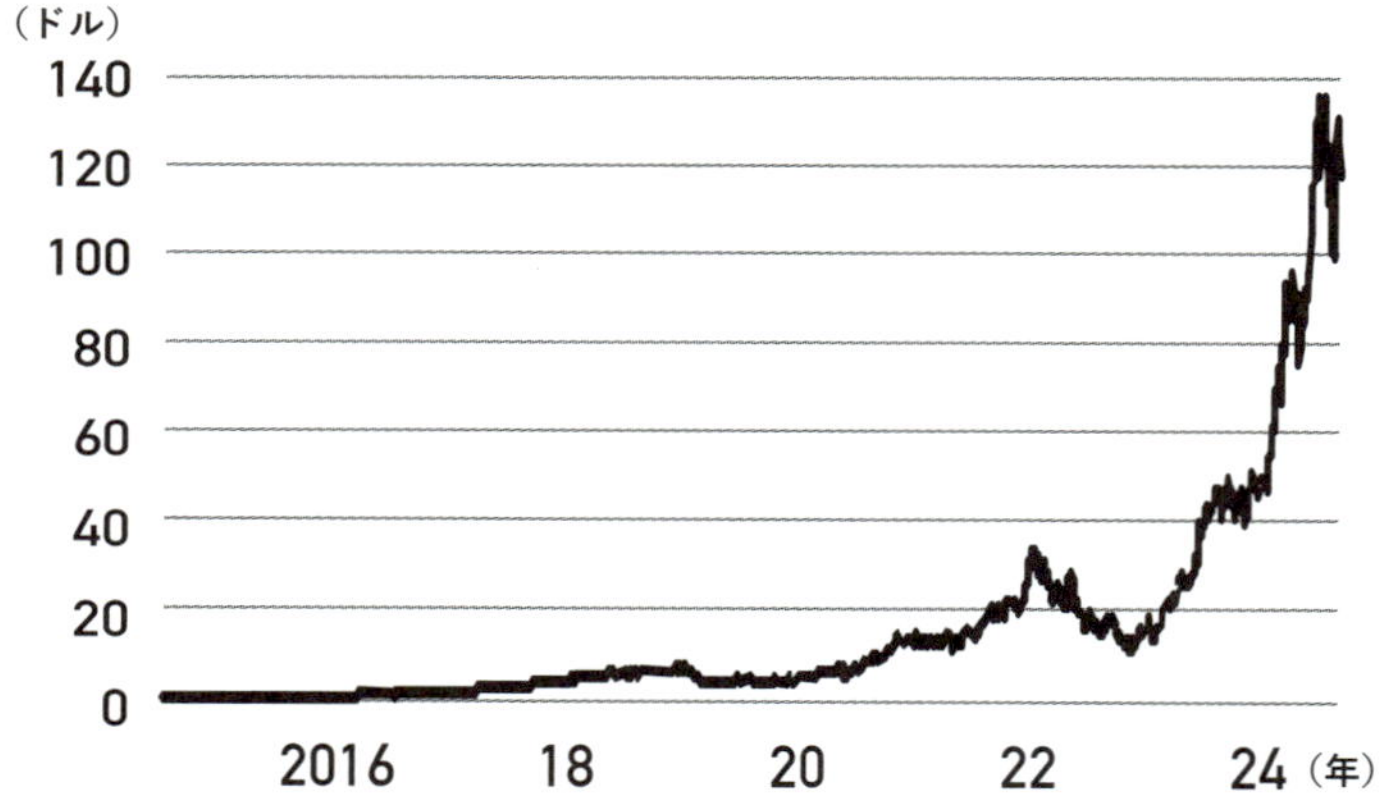

注：2024年6月、1株を10株に株式分割
2024年8月30日時点

開発用に、多次元のグラフィックを高速処理するため、行列計算に特化して作られたプロセッサだ。最近では生成ＡＩで計算処理をする際にも必要となる。ＡＩの処理とＧＰＵ計算処理が似たものであった（高度な計算を一箇所で行うのではなく、単純な計算を並列で大量に行う）ことから、ＡＩにＧＰＵが使用されることになり需要が伸びている。ＡＩ以前にも、仮想通貨のマイニングの計算がＧＰＵに適していることから需要があった。

エヌビディアは早い時期からグラフィック処理のニーズに合わせてＧＰＵの開発に着手し、業界をリードしてきた。またその間、エヌビディアはＧＰＵを使うためのＣＵＤＡ《クーダ》と呼ばれる、統合開発環境とランタイムライブラリをデファクトスタンダードとして育ててきた。

プログラマーはグラフィック処理以外の汎用の計算用途でも、ＣＵＤＡを用いてプログラミングを行うのが当たり前になっている。その意味で、いまとなっては**ＣＵＤＡが「インフラ」となっており、エヌビディアの牙城《がじょう》を崩すのは容易ではない。**

GOTO'S VIEW

半導体「基本のキ」

なぜここまで半導体が騒がれているのでしょうか？　ここで半導体そのものの説明もしておきましょう。

簡単に説明するなら、**半導体は電子機器の「頭脳」**といえます。パソコン・スマホはもとより、自動車やあらゆるデジタル家電に組み込まれています（図表17）。加えて、近年では先ほども触れたように、ＡＩ用のデータセンターでも重要な役割を果たしています。

半導体は読んで字のごとく、「半」分だけ、電気を「導」く素材のこと。鉄や銅は電気をよく通すので「導体」、ゴムやガラスは電気を通さないので「絶縁体」です。半導体はその中間に位置づけられます。ある条件では電気を通し、別の条件では電気を通しません。この半導体ならではの特性が電子情報の処理や保存に役立つわけです。

図表17. さまざまなものに使われている半導体

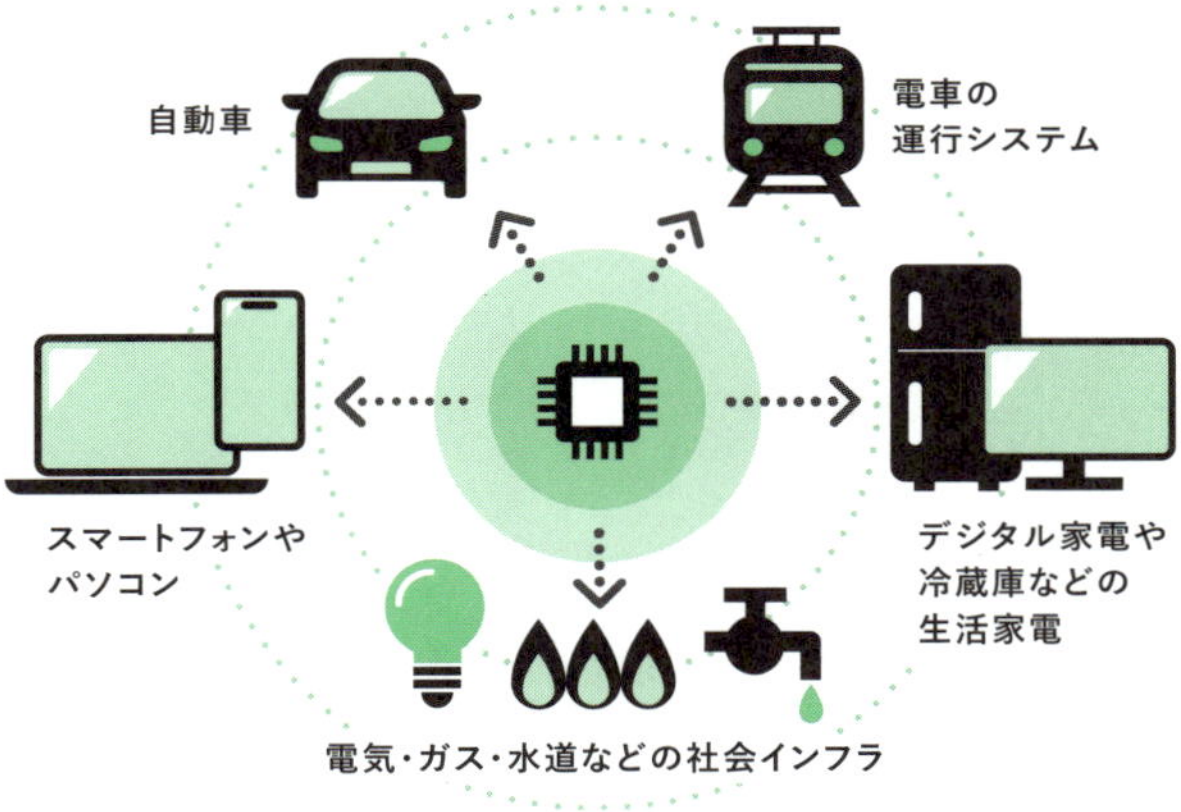

半導体のグローバルな「水平分業」

半導体を取り巻くのは急速に進化し続ける、複雑な工程です。そのため、1社が設計から製造までフルラインナップで行うのは大きなコストとリスクを伴います。大まかに分けると、「設計・開発」「半導体製造」「製造装置メーカー」で分業が進んでいます。以下に代表的な企業をまとめました。

- 設計・開発：エヌビディア、アップル、AMD、ブロードコム、サムスン、インテルなど

●製造：ＴＳＭＣ、サムスン、インテルなど
●製造装置メーカー：ＡＳＭＬ、アプライド・マテリアルズ、ラムリサーチ、東京エレクトロン、レーザーテックなど

すでに堀江さんが解説してくれたように、エヌビディアは工場を持たないファブレス企業です。自ら設計・開発したＧＰＵの製造は、主に台湾のＴＳＭＣに外注します。それにより、大きな製造設備を持たず、高度な製造に向けた研究開発を負担しなくてすむのです。

ＴＳＭＣはエヌビディア以外にもアップルやソニー、あるいは任天堂といった企業を顧客に持ち、高いシェアでの半導体製造を担っています。顧客の層が多様であるため、需要の波が分散されます。また、「規模の経済」により大規模な投資や研究開発拠点の集約ができます。

半導体領域で注目の国内5社

図表18のように、半導体の製造工程にはいくつかの複雑なステップがあります。半導体の性能向上にあたっては、「成膜」や「検査」など、それぞれの分野で高い技術が要求されます。近年ではＡＩやＩｏＴ、あるいは自動運転において、膨大なデータの高速処理が求められ、半導体自体も高性能化がますます求められるようになっています。

こうした前提を押さえたうえで、株式市場で活況の国内5社を、得意分野ごとに並べてみましょう。一部重なる領域もありますが、**各社には役割があり、競合というより補完の関係**にあります。たとえるなら、ラーメン業界において「ずんどう」「製麺機」「ガスコンロ」「食洗器」が競合しないのと、似ています。

- 東京エレクトロン：成膜、エッチングなど前工程

図表 18. 半導体の製造工程

設 計

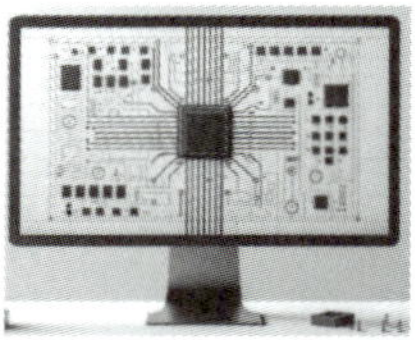

半導体チップの回路を**設計**し、写真のネガのような**「フォトマスク」**と呼ばれる原版を作る

前 工 程

鏡のように磨かれたシリコンウェーハに回路を形成。**「成膜」「露光」「エッチング（削りとり）」「洗浄」**など、複雑な段階それぞれに最先端の装置が必要

後 工 程

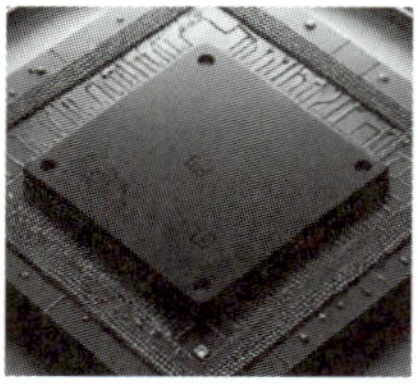

ウェーハに形成された小さなチップを**切りとり**、黒いセラミックなどで**パッケージング**。**最終検査**を経て、スマホなど最終製品に組みこまれる

図表19. 半導体製造装置5社の営業利益

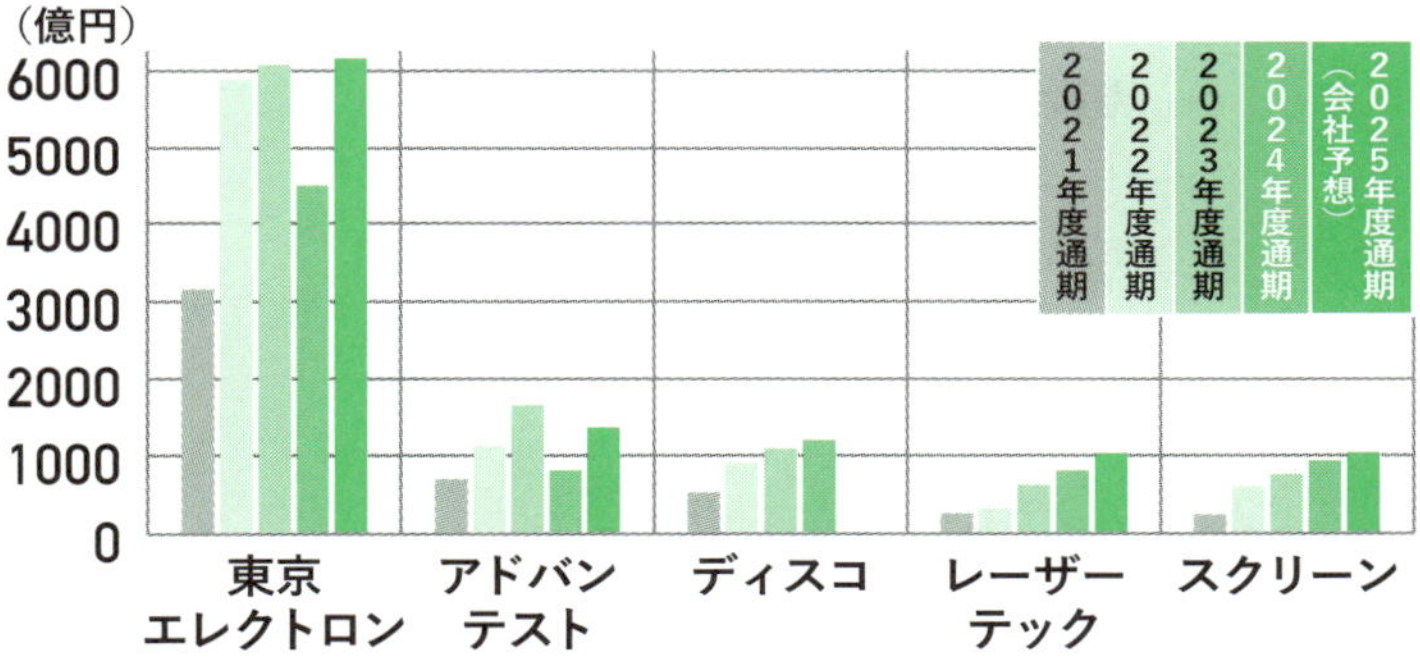

2024年9月4日時点

- アドバンテスト：最終検査
- ディスコ：ウェーハの「切る・削る・磨く」
- レーザーテック：フォトマスク（原版）の欠陥検査
- スクリーン：洗浄

図表19は2021年3月期からの営業利益の推移です（2025年度の予想も入っています）。収益規模としては東京エレクトロンが圧倒的であるものの、他の4社も増益傾向です。

近年の半導体株ブームはとかくＡＩと関連づけられますが、ＩｏＴや自動運転ほか、伝統的な電気機器の需要回復期待もあります。「世界で半導体市況が盛り上がれば、この5社にも追い風が吹く」との期待が、近年の株価高騰をもたらしているといえます。

GOTO'S VIEW

半導体株のリスクは？

さて、盛り上がり続ける半導体株ですが、リスクはないのでしょうか。くり返し述べているように、半導体の盛り上がりはＡＩの進化と同時並行です。そのため、**ＡＩブームの行き先が読めないこと**が半導体株にとって最大のリスクでしょう。

もちろんこのまま技術的発展を遂げ続け、数年後には予想をはるかに超えるとてつもない世界を実現する可能性はあります。しかし同時に、世界の巨大企業が「あまりにも高い値段でエヌビディアのＧＰＵを買うのはやりすぎだった」と、現在の熱狂を振り返ることになる可能性も否めません。そうなれば、過剰な投資の反動で、市況が冷え込む恐れもあります。

また、米中対立などの地政学リスクも大きなポイントでしょう。先ほど説明したように、半導体の世界ではグローバルな水平分業が進んでいます。各国の間で貿易摩擦が強まれば、半導体のサプライチェーンが寸断され、あらゆる産業でドミノ倒し的に問題が波及する恐れがあります。

いずれのシナリオも、過去の経験則から導けるリスクではありません。過度に不安をあおるつもりはありませんが、熱狂的な株高が起こっているときも、こうしたリスクは頭の片隅に置いておきたいものです。

2-2 テーマ投資

《連想ゲーム①》
「人口減少」から考える、スキマバイトビジネス

GOTO'S VIEW

２１００年には日本の人口は６５００万人に?

近年のニュースに絡むいくつかのテーマから、「連想ゲーム」の要領で、株式のテーマ投資について考えてみたいと思います。

２０２４年６月に厚生労働省が発表した２０２３年の合計特殊出生率は１・20でした。データのある１９４７年以来、最低を更新しています。さらに東京は０・99と１

を割り込んでいます。出生数も過去最低の72万7277人であり、政府推計値よりも11年早いペースで減少しています。このままのペースで出生率が下がれば、2100年には日本の人口が6500万人程度まで減少するという予測もあります。確実に若者の数は減っていき、反対にシニアの数は増えていく。そこで必ず問題になるのが「**労働力不足**」です。

大企業にとっても20代の人材を確保するのが年々難しくなっています。それもあり、各社の初任給は上昇トレンドにあります。むしろ40〜50代の待遇を据え置きつつ、20〜30代の待遇を改善する動きが見られるのです。その点、飲食業を中心にすでに活用が進んでいるスキマバイトサービスはニーズとも合致したイノベーティブなサービスの一例といえるでしょう。

2024年7月、スキマバイトサービスを提供する「タイミー」が上場しました（公開価格ベースでの時価総額は1379億円）。今後は競合も増えるでしょうから、収益や株価が盤石とはかぎりませんが、投資家の関心を集めています。今後、ライドシ

図表20.「人口減少」から考える

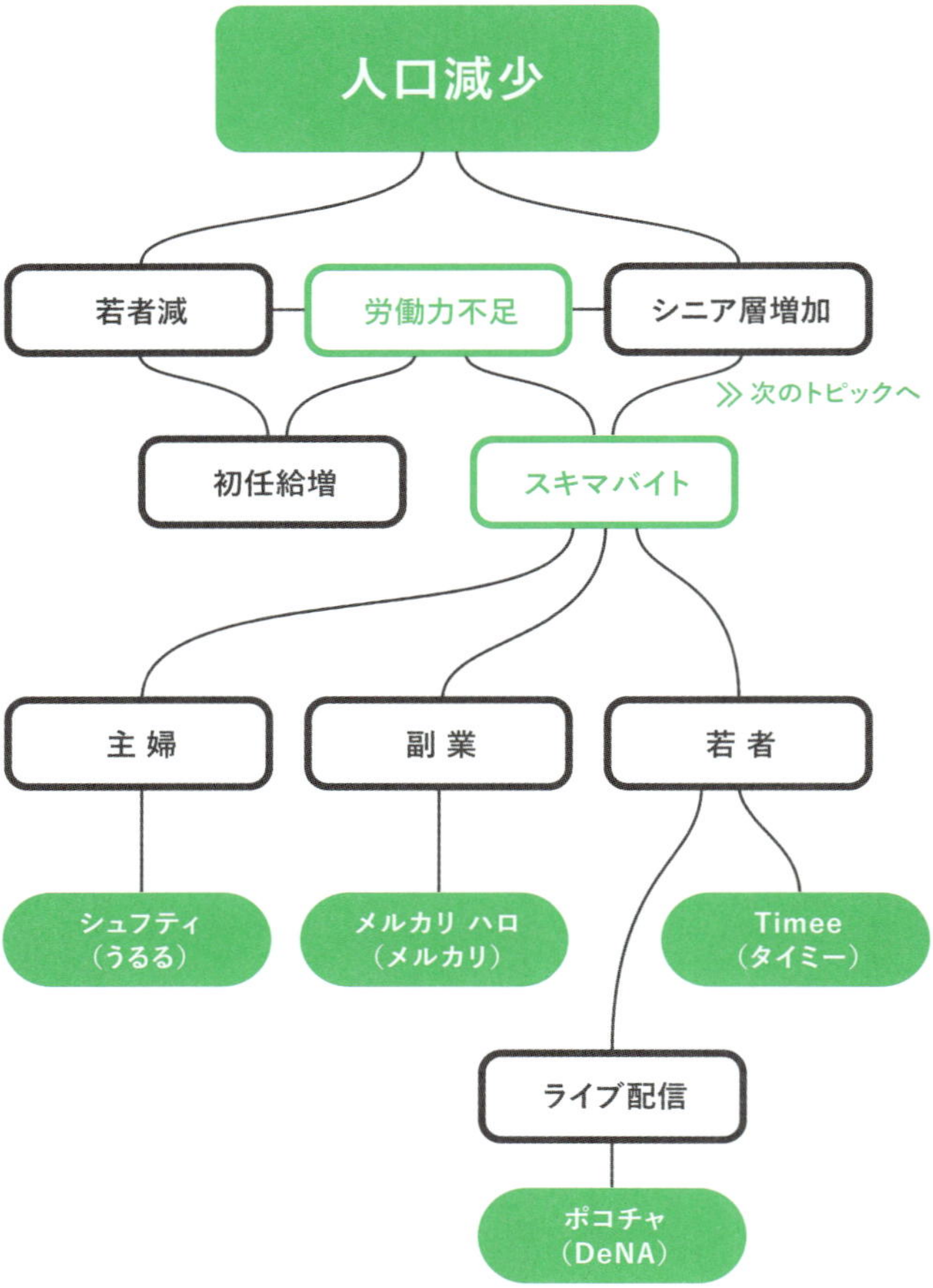

エアも全面解禁となれば、よりいっそう**スキマ時間で働くスタイルが文化として浸透していく可能性がある**でしょう。

HORIE'S VIEW

スキマバイトで波に乗る「タイミー」と「シュフティ」

実は、僕はタイミーが創業して間もなかった２０１８年ごろに、当時まだ大学生だった小川嶺《おがわりょう》社長と対談をした。恵比寿のシェアハウスで社員とすしづめになって奮闘していた姿を覚えている。

当時はタイミーのポテンシャルに気づいていなかったのだが、ものの半年程度の間にタイミーは急激に伸びた。客単価３千〜４千円程度のリーズナブルな価格帯の飲食店を中心に導入が進んだ。僕が経営に携わるＷＡＧＹＵＭＡＦＩＡ《ワギュウマフィア》などの高価格帯の業態とは親和性が高くはないが、皿洗いなどの雑用に必要な人員が足りていないのは、どこも同じだろう。

タイミーが成功したのは、スキマ時間で稼ぐしくみを確立したからだ。

たとえば、あなたが夜の8時から渋谷で友達と待ち合わせをしており、予定まで3時間空いているとする。やることもないし暇だから、「3時間だけ働こう」と考える。タイミーはそうした時間の有効活用を可能にする。スキマ時間で稼げると、どことなくお得な気分を得ることができる。ポイントを稼ぐ感覚にも近い。

タイミーの他にもスキマ時間で稼げるサービスを展開している企業がある。主婦が電車に乗っている間に電車代を稼げるような、超スキマバイトを提供する「シュフティ」だ。

ゴルフ場の受付はなぜかいまでも人力で紙で管理されている。その入力をネット上で代行するアルバイトをシュフティが主婦たちに提供するわけだ。1件あたり数十円程度の低単価の簡単な作業である。いってみれば、**仕事のポイ活**だ。

また実は、シュフティを提供するうるる社で最も伸びたのが自治体の入札情報サービスだ。自治体は随意契約をしたがるものの、体裁としては公募しなくてはならない。そのため、あえてホームページのわかりにくい箇所に公募のリンクを出す。この方法により、知り合いの業者だけに案内をしているわけだが、シュフティはこのリンクを探し出し、データベースに落とし込む作業をアルバイト化したのだ。

これにより、登録した建設業の人たちは全国の入札情報を検索することができるようになった。このしくみを確立させたことで、うるる社は上場するまでに成長を遂げたのだ。

HORIE'S VIEW

アルバイトをしたい若者が減った

そもそも飲食業界をはじめ、いわゆるアルバイトの人員不足が深刻になった原因は、単なる人口減少だけではないと見ている。要因はさまざまであるが、無視できないインパクトを与えたものにＳＮＳ、特にインスタグラムの登場が大きかったはずだ。インスタグラムに投稿されるのは、いわゆるリア充感が漂う、キラキラとした瞬間、空間の様子だ。自分の日常とはあまりにかけ離れた写真と映像を知ることで、泥臭いアルバイトに意欲がわかなくなった。

最近では「時給を上げても、応募が集まらない」という声もよく聞かれる。それもそのはずである。スマホネイティブの世代の若者たちはバイト以外に稼げる手段を知っているのだ。カジュアルに手っ取り早く稼ぐ手段としてパパ活アプリを利用し、生活費やお小遣いを稼いでいる若者も少なくない。

また、時給千円ちょっとの居酒屋バイトに精を出すよりも、ポコチャでライブ配信を行い、投げ銭をもらったほうがよっぽど稼げるだろう。アルバイトでは決して稼げなかった額を手にすることで、それなりにいい生活ができるのである。

これまで居酒屋やカフェで活躍して看板バイトになり得ていた元気で愛想の良かった若者たちがこぞってライブストリーミングサービスに流れているのだ。つまり、**一般的なアルバイト人材の競合はもはや業界の外にある**のである。

タイミーの大型上場が注目を浴びる一方、メルカリも新規事業として、空き時間おしごとアプリ「メルカリ ハロ」に注力するなど、競争が激しくなっている。ただ僕はすぐに市場は飽和すると見ている。むしろ伸びしろとして大きいのは、外国人やシニアの労働マーケットだろう。

〈話題になった銘柄〉

- タイミー
- うるる（シュフティ）
- ＤｅＮＡ（ポコチャ）
- メルカリ（メルカリ　ハロ）

《連想ゲーム②》
「シニア」から考える、健康・労働・介護

HORIE'S VIEW

伸びしろが大きいのはシニアの労働マーケット

高齢化が進む日本では、いまや消費者の約半数が65歳以上の世帯が占めるという。
仕事や趣味に対して意欲的で、健康や自立意識が高く活動的な65～75歳のシニアを「ア

クティブシニア」と呼ぶ。この領域で注目を集めるフィットネス企業「カーブス」をご存じだろうか。米国発祥のカーブスはダイエットビジネスを主軸としているが、日本のマーケットではシニア向けフィットネスに注力している。それまで運動習慣のなかった人でも気軽にはじめられる、ゆるいトレーニングがカーブスの特徴だ。

ただ、シニアとフィットネスのかけ合わせは目新しいものではない。コロナ禍でフィットネスクラブの業績は一気に下がったものの、もともと、大手のフィットネスクラブの需要を下支えしていたのはシニア層だ。どうしても稼働率が悪くなる平日昼間の時間帯を、サウナやプール利用を含めて、シニア層が埋めていた。

個人向けのビジネスを考えるうえで、シニアの存在は無視することができない。だからこそ、僕はスキマバイトについてもシニアの存在に着目するべきだと思う。

いうまでもなく、「20年前の70歳」と「現在の70歳」では健康の度合いが異なる。**人生100年時代**という価値観も当たり前になる社会において、65歳になったからといって無考えに退職するのも違和感がある。定年になって仕事を失えば、収入源が絶

図表 21.「シニアマーケット」から考える

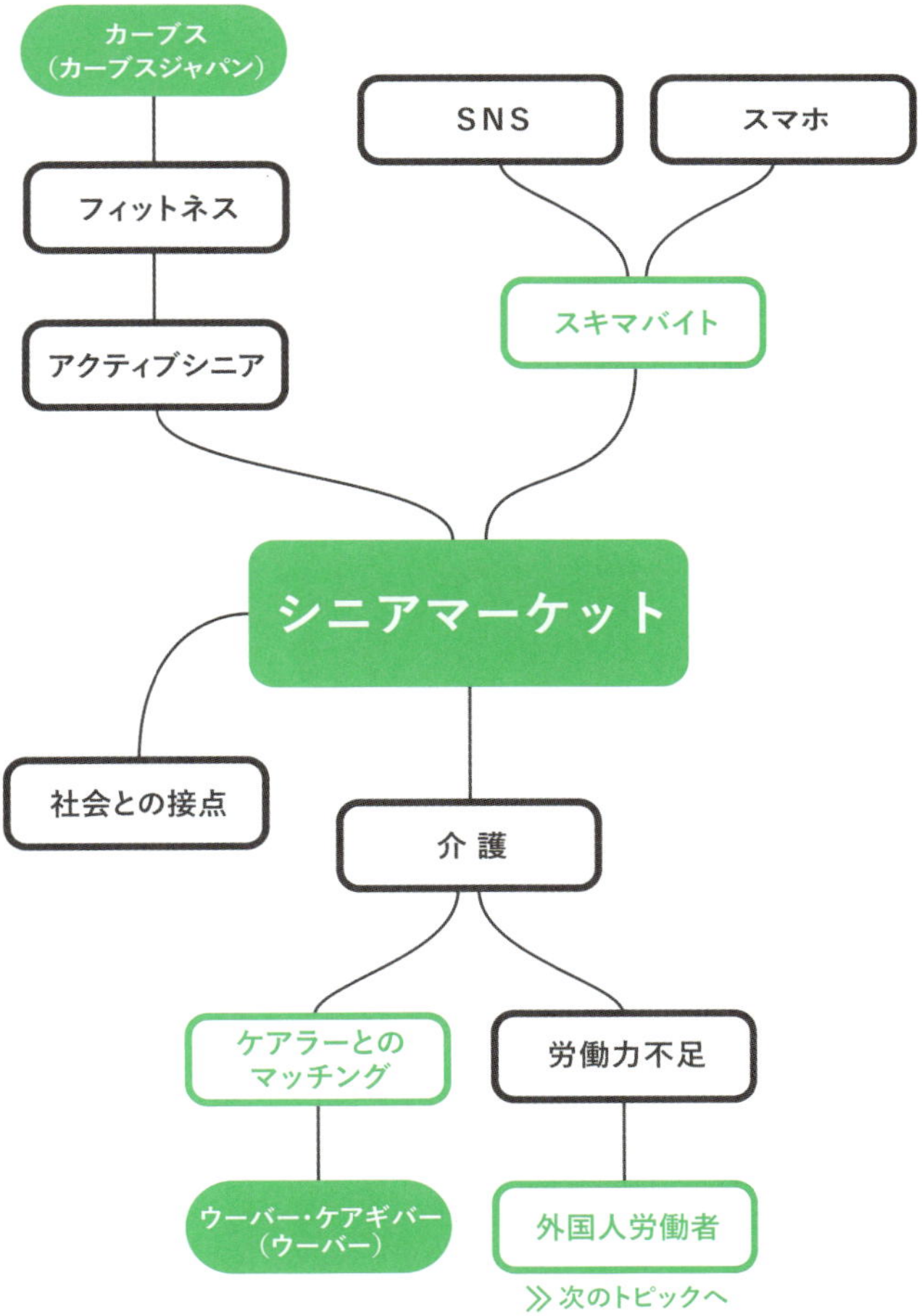

たれるのみならず、社会との接点がなくなり生きがいを感じづらくなる人もいるだろう。その意味で、**シニアの労働市場活性化は社会問題の解決にもつながる**し、何よりマーケットが持つポテンシャルが大きい。

だが、現時点でシニア版タイミーのようなサービスは見当たらない。全員がスマホを持ち、SNSを使う若年層に比べて、そもそもターゲットにリーチしにくいのがシニア版のタイミーが存在しないことの一因だろう。ただし、遅くない将来、チャレンジする企業は間違いなく出てくるはずだ。

ウーバーが「介護」ビジネス？

2024年夏、配車アプリ大手のウーバーが新たな取り組みとして「ウーバー・ケアギバー（Uber Caregiver）」をはじめるそうだ（9月27日時点ではリリース前）。介護が必要な家族などのために、通院の乗り物の手配や衣料品・食料品の注文ができるサービスである。介護需要に応える1つの試みとして期待されるが、日本においてはそもそも若年層の労働者が少なすぎることが問題だ。この問題の解決策はただ1つ。外国人労働者の受け入れである。

〈話題になった銘柄〉

- カーブス
- ウーバー（介護のプラットフォーム）

《連想ゲーム③》
外国人労働者とインバウンド

HORIE'S VIEW

外国人移住者の生活支援サービスに注目

まず前提に押さえておきたいのが、外国人労働者の受け入れについて政府の方針が変わったことだ。以前までの外国人技能実習制度は、転職が許されず、3年後に母国に帰るのが前提となる制度だった。新しい「育成就労制度」では、1〜2年の就労・

トレーニングを通じて一定の技能を身につけたあと、同一の分野内で転籍が可能になる。さらに、「特定技能2号」に移れば在留期間の更新に上限がなくなる。日本語のレベルにかかわらず、特定技能のスキルがなくても取得できるという意味では、実質的な移民制度だといえる。この制度をきっかけに、外国人はいっそう、日本への移住がしやすくなるだろう。

「円安が続けば、外国人にとって日本が稼げない国となり、外国人労働者を確保するのが難しくなるのではないか」と考える人もいるだろう。いくつか論点はあるものの、総じて僕は楽観的な予測を持っている。

人間は何もお金のためだけに住む場所を決めるわけではない。世界を見渡しても、日本ほど住みやすい国はそうそうない。治安の良さはもちろんのこと、整備されたインフラ、食べ物や水、**総合的な住みやすさが圧倒的**なのだ。

日本人が考えている以上に、実は日本に移住したいと思っている外国人は多い。

今後、外国人労働者の生活支援サービスが成長していくことが見込まれる。現在は夜明け前といったところだが、数年のうちに何社かは上場していくはずだ。現時点で明確に「この企業だ！」と特定することはできないものの、領域全体としては伸びるはずなので、注視しておきたい。

GOTO'S VIEW

インバウンドだからこそ外国人労働者が活躍する

外国人の従業員が増えることで、見込まれる副次的な効果があります。まず、外国人だからこそ**外国人に喜んでもらえるサービス提供**の形を発想することができます。現代はボーダーレスに話題のグルメやレストランがＳＮＳで広がっていきます。各国の現地メディアで取り上げられることで、一気に外国人のお客さんであふれる事例は枚挙にいとまがありません。あらかじめ外国人の従業員を雇用・トレーニングし、英語対応できるようにしている店も増えてきました。

堀江さんが関わっているという牛タン店では従業員の多くが外国人によって構成されているのと同時に、お客さんの半分以上も外国人なのだといいます。

こうした潮流は都内のみならず、**地方にも波及**していくことが重要です。特に地方

図表 22.「インバウンド」から考える

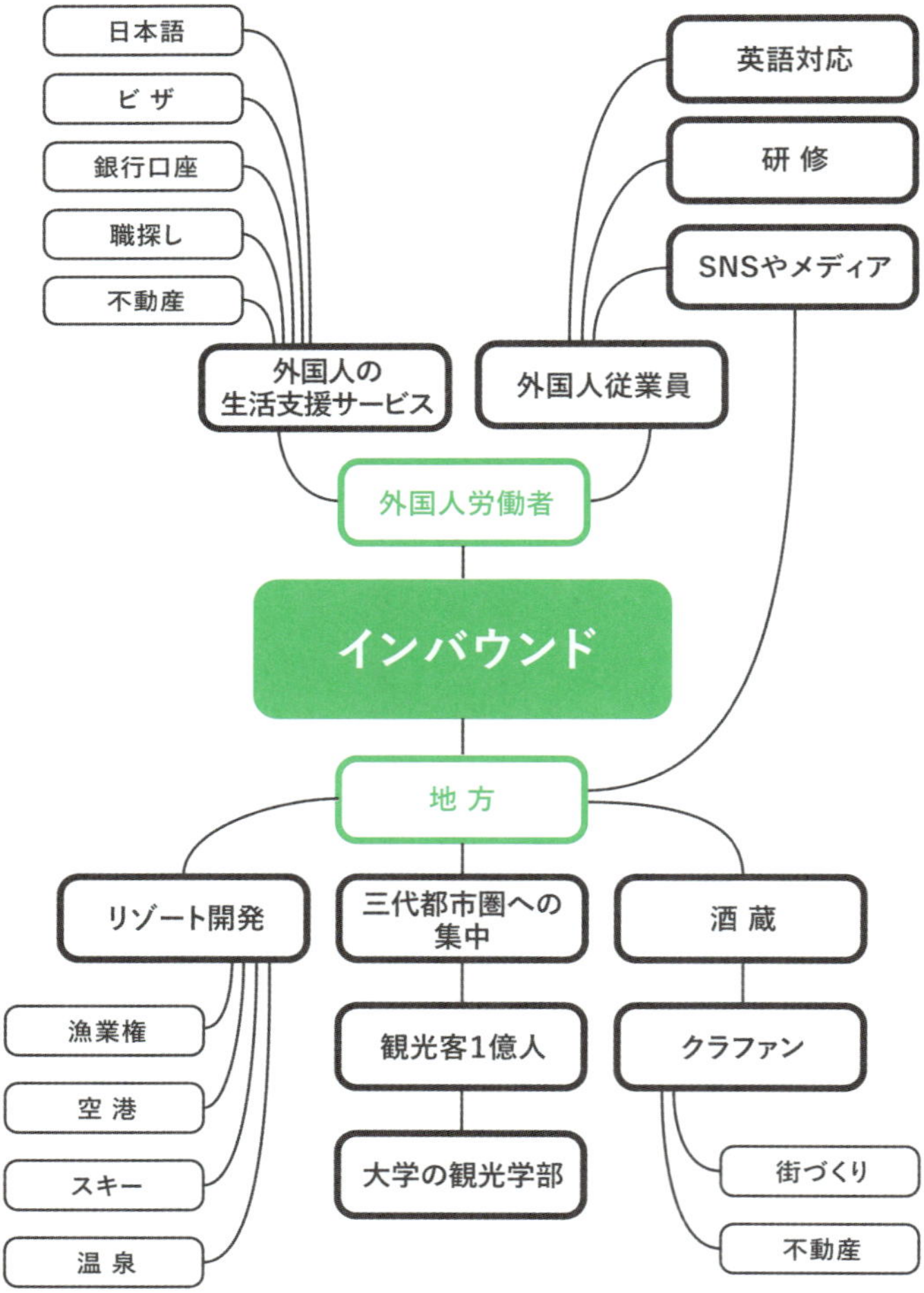

の観光産業で優秀な外国人労働者を確保することで、ビジネス発展につながるケースが出てくるでしょう。たとえば、老舗の旅館で生まれ育って働いてきた人よりも、外からやってきた外国人だからこそ新たなアイデアを思いつきやすい場合もあるでしょう。その意味で、インバウンドの時代だからこそ、従業員も多様化していくことが大切だと思います。

外国人観光客は大都市や著名な観光地に集中し、オーバーツーリズムも社会問題になっています。一方で、日本には自然や食事に恵まれた地域が多数あります。各地の魅力をうまく観光需要に結びつければ、日本全体の観光業の発展、さらには観光客の満足度向上にもつながるのではないでしょうか。

HORIE'S VIEW

日本の観光客数は1億人を超える

盛り上がり続ける日本のインバウンド産業だが、実態として宿泊者の7割が三大都市圏に集中しているのが現状だ。それでも、都市圏と地方の観光客のかたよりは今後解消されていくと考えている。僕の考えでは、日本のインバウンド観光はまだ1周目にすぎない。

まだ訪日観光客数が1千万人に満たなかった第二次安倍政権の初期、菅元官房長官はこの数字を2倍に持っていくとぶち上げた。当時ほとんどの人がこの目標数字に懐疑的だったものの、2019年には訪日観光客数が3千万人を超えた。僕は菅さんと対談した際、この数字を達成するために政府が行った改革について深く聞くことができた。

そもそもインバウンドに関連する省庁は、法務省・外務省・国土交通省・経産省・警察庁と、5つある。法務省は出入国在留管理庁を管轄しており、外務省はビザの発行を行い、国土交通省は鉄道をはじめ旅行業にかかわる多くの部分を監督している。インバウンド振興において抵抗勢力になったのが、法務省・外務省・警察庁である。法務省には入管の人員を増やすための予算を与え、外務省にはビザ発行の要件を緩和し、職員を増やすことで対応した。最後まで抵抗したのが警察庁である。

警察庁は「訪日観光客が増えると、犯罪が増える」と主張した。しかし、これは机上の空論である。犯罪率と相関があるのは経済的な貧しさである。対して、訪日観光客のほとんどは旅行ができるほどには一定の収入がある人々だ。その意味で、どこの国であろうと、経済的な豊かさと犯罪の発生率はむしろ反比例の関係にある。結局、警察庁とも合意を形成し、先述したように訪日観光客数は3千万人を超えた。

政府はさらに5千〜6千万人へ観光客数を倍増させる計画を持っている。しかし僕は、**日本のポテンシャルを考えれば、その数は1億人を超えるはずだと考えている。**世界一の観光立国である**フランスの観光客数が8千万人**。世界第2位の人口大国である中国が隣接している地理的条件を考慮すれば、訪日観光客数1億人という数字はあながち的外れではないはずだ。

フランスに学ぶ、日本の観光立国のロードマップ

引き続きフランスを例に考えてみたい。もともと、フランスを訪れる多くの外国人はパリを目指していたはずであり、当初はパリ以外に足を運ぶことはなかったはずだ。それでもフランスが観光大国としての地位を築くにつれ、モンサンミッシェルを見るためにノルマンディー地方へ行ったり、ワイナリーを訪れるためにブルゴーニュへ行ったり、ニースやプロバンスまで足を延ばすようになったのだろう。

つまり、最初は都市圏を中心に観光がはじまったとしても、情報が増えるにつれて、ゆくゆくは地方にまで観光は波及していく。すでに北海道のニセコには多くの外国人が押し寄せているが、日本全体から見ればなんの変哲もない地方の町の1つにすぎない。日本には数え切れないほどの素晴らしい場所がある。あとは、そうした地域に対して投資を行い、地道にアピールを続けるのみである。

もう1つ例を挙げよう。富山県の立山町白岩にある酒蔵がある。この酒蔵は「ドン・ペリニヨン」の元醸造最高責任者であるリシャール・ジョフロワ氏によって創立され、建物のデザインは隈研吾《くまけんご》氏が手がけたものだ。ジョフロワ氏はアッサンブラージュというブレンドの技法を用い、最終的にシャンパーニュのように毎年1本のビンテージ日本酒を造り出している。まだプレオープン段階ではあるものの、今後間違いなく日本酒の世界的な拠点になりそうな雰囲気がある。

ここで言いたいことは、日本全国に白岩の酒蔵と同じようなものが至るところにできてもおかしくないということだ。**一見なんの変哲のない土地であっても、創意工夫次第で立派な観光地になり得る場所が、日本にはそこらじゅうにある。**だとすれば今後必要になるのは、**観光業におけるプロフェッショナル人材**を育成することだろう。日本一部の大学で観光学部が設置されているものの、まだまだ主流ではない。今後、日本の一大産業になるであろうこの領域を担う人材をもっと増やしていくべきだ。

たとえば、星野リゾートの星野佳路《ほしのよしはる》社長はコーネル大学ホテル経営大学院で専門的にホテルビジネスを学んでいる。当時アメリカのトレンドだった運営者とファシリティを分離する方法論を日本に持ちこみ、作られたのが現在の星野リゾートの形だ。星野リゾートは創業の地である軽井沢にホテルブレストンコートを持っている。彼らは土地やファシリティを投資会社へと手放し、星野リゾートは運営にだけ特化することにした。場合によっては、こうした手法を地方の旅館、あるいは島全体で応用できるだろう。

先日、宮古島へ行く機会があった。宮古島にはすでに2つの空港があり、宮古島と伊良部島《いらぶじま》を結ぶ全長3540メートルの伊良部大橋もある。海岸沿いには多くの高級リゾートホテルが並んでいる。にもかかわらず、観光という観点では、まだまだソフトが足りていないのが実情だ。たとえば、僕がビーチで「ウェイクボードありますか?」と聞いたら、出てきたのはスリッパのような形の古くてしょぼいウェイクボードだった。専用のトーイングボートもラインナップが微妙で、マリーナも整備が追いついていない。本来のリゾートとしての宮古島のポテンシャルを考えれば、あってしかるべき**ソフト面での環境整備**がまだまだ追いついていないのだ。

日本のリゾート開発が難しいのは、必ず権益者の意向が絡むため、一枚岩での開発が進められない点にある。たとえば宮古島で漁港の横にマリーナを作りたくても、権限を持つ漁協の誰か一人でも反対したら、開発が進まない。そもそも漁協は戦後、ＧＨＱの政策によって作られた枠組みだ。民主化政策のなかで一人ひとりの小作農が農地を持ったように、漁業権を一人ひとりが持つようになったわけだ。この制度が現在でも幅を利かせているせいで、なかなかリゾート開発が進められずにいる。

HORIE'S VIEW

「ど田舎のリゾート化」にチャンスがある

個人的には、名前すら知られていない地方にこそリゾート化のチャンスがあるのではないかと考えている。たとえば、東北の山奥にある夏油《げとう》温泉。冬は降雪が多すぎてスキー場が閉鎖してしまうため、春先になってスキー場が開く。山奥に立地するため、働き手不足で温泉が閉鎖しているからこそ、逆に狙い目だと思う。

いまの時代、そこまでの資本を投下せずとも、マーケティングを行うことができる。実際、僕は長らく北海道・大樹町《たいきちょう》を舞台に、ロケットのまちづくりに取り組んできた。まずはクラウドファンディングで集まる金額から、スモールスタートではじめるのでもいい。

その意味で、不動産とクラウドファンディングは相性がいい。ナスダックの上場銘柄であるシーラテクノロジーズが提供する「利回りくん」というサービスがある。少額からはじめられる不動産クラウドファンディングだ。たとえば、数千万円程度の千葉県・九十九里浜《くじゅうくりはま》のサーファー向けシェアハウス物件を共同で小口出資するなどのプロジェクトがあり、盛り上がっている。僕のロケットの工場の資金もこのサービスで調達を行った。

〈話題になった銘柄〉

- 星野リゾート
- シーラテクノロジーズ

《連想ゲーム④》
サイバーセキュリティ

HORIE'S VIEW

カドカワのサイバー攻撃事件から見る今後の流れ

インターネット関連のホットトピックといえば、2024年にカドカワがグループ全体へ受けたランサムウェアを含む大規模なサイバー攻撃事件に触れないわけにはいかないだろう。

カドカワが実際にどんな対応をしたのかは定かではないが、基本的にサイバーテロ集団に身代金を支払うのは悪手だ。通常の人質であれば、人間が返されたらおしまいであるが、**データが人質となるサイバー犯罪ではそうはいかない。**お金を渡せば、「もっとよこせ」と要求がエスカレートするのが常だ。一度データを握ってしまえば、それをもとにテロ集団は永遠に企業を脅《おど》し続けられる。

図表 23.「サイバー攻撃」から考える

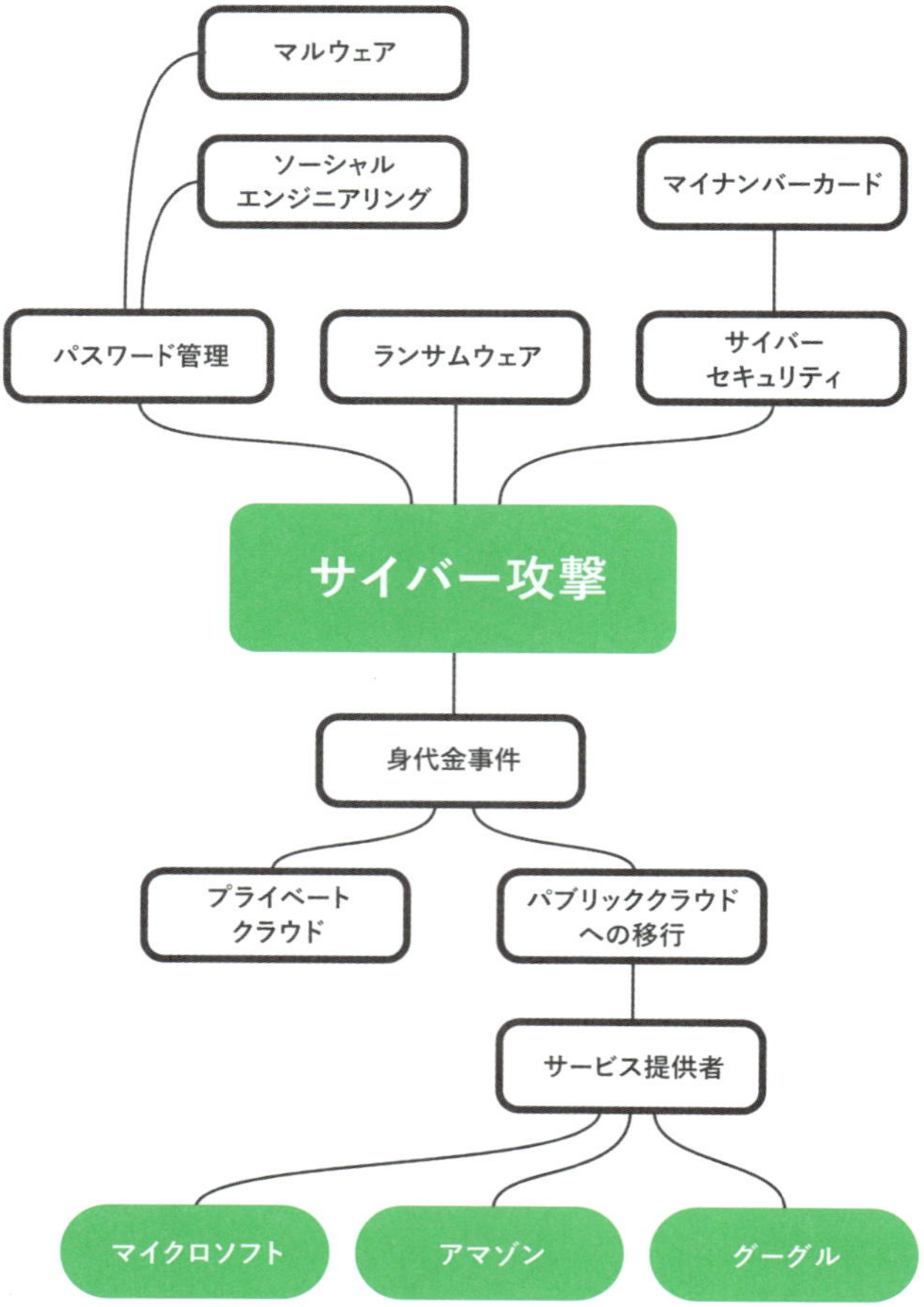

今回のカドカワの問題はプライベートクラウドで起こったため、今後予想される流れは**パブリッククラウドへの移行**がより進むであろうこと。パブリッククラウドとは、クラウドサービス提供事業者が構築した環境を他の利用者と共同利用するタイプの利用形態のことだ。

もちろんパブリッククラウドに移行したからといって、サイバー攻撃のリスクがゼロになるわけではない。基本的にサイバーセキュリティは、攻める側と守る側の矛盾《ほこたて》による、永遠に終わらないイタチごっこだ。つまり、規模が大きいサービスであるほど、多くの攻撃に遭うため、自ずとその攻撃に対抗するノウハウも蓄積される。

パブリッククラウドへの移行が加速することで、それを提供するＧＡＦＡＭをはじめとしたグローバルプラットフォーマーの影響力もますます絶大なものになるだろう。

「ハニートラップ」にご用心

セキュリティの話題になると、僕のメールマガジンでもよく「堀江さんはどんなパスワード管理システムを使っていますか?」と質問をしてくる人がいる。管理システムを「使っているか、使っていないか」ですら重要な情報なのだから、僕が答えるわけがない。

実際、一番のセキュリティホールになるのは**ソーシャルエンジニアリング**の分野だ。ソーシャルエンジニアリングとは、マルウエアなどを用いずにパスワードなどの情報を盗み出す手法のことをいう。ソーシャルエンジニアリングの最も原始的で効果的な方法に**ハニートラップ**がある。笑い話と思うかもしれないが、実際にはよくある話だ。

他にもソーシャルエンジニアリングを利用した事例にこんな話がある。昔、ある会社の前で「キャンペーンです」といいながら、通りすがりの人々にUSBメモリを配って実験をした人がいる。「無料でもらえるんですか?」と受けとった某社の社員は、そのUSBを自分のパソコンに差しこんだ。するとその途端、パソコンからデータが盗み出されたというわけだ。この事例はあくまでテストであり被害は出なかったが、こんなことはザラに発生する。ネットリテラシー以前の話に思われるかもしれないが、気を抜いていると案外ひょんなことからパスワードを盗まれてしまうのだ。

〈話題になった銘柄〉

- カドカワ
- GAFAM(グーグル、アマゾン、フェイスブック(現メタ)、アップル、マイクロソフト

2-3 創業者への共感

ベンチャーの株が「難しい」理由

HORIE'S VIEW

起業家の内なる情熱を見抜くのは難しい

株式投資の基本的な軸として「グロース株vsバリュー株」がある（図表24）。

「**グロース株**」はこれからの成長が期待できる銘柄を指す。上場しているベンチャー企業を想像するとわかりやすいかもしれない。具体的には、経常利益が年々増加していたり、需要が高いサービスを提供していたりする企業のことだ。

一方の「**バリュー株**」は現段階の株価が、業績や企業価値の割に安い銘柄のことを

図表24. 成長株（グロース株）と割安株（バリュー株）の違い

	グロース株	バリュー株
特徴	・成長性や将来性が期待されている ・今後の値上がりが期待できる ・配当を行う企業が少ない	・企業価値に対する評価が低い ・値幅変動が小さい ・配当や株主優待を行う企業が多い
多い業種	・クラウドサービス業 ・半導体製造業 ・AI関連業 ・エネルギー関連業	・大手銀行 ・大手商社 ・製造業 ・小売業
株価指数の目安	・平均よりも高い ・PER：十数倍〜数十倍 ・PBR：十数倍〜数十倍	・平均よりも低い ・PER：15倍以下 ・PBR：1倍以下

資料：オリックス銀行よりNewsPicks作成

指す。すでに成長期を迎え、安定している大企業がバリュー株とみなされる傾向にある。

　くり返し述べているように、基本的には「バリュー／グロース」にとらわれることなく、自分の関心のある分野の株に投資をするべきだ。

　そもそも、グロース株には独特の難しさがある。特に上場間もない銘柄の場合、**創業者自身のパーソナリティやモチベーションが企業の成長に多大な影響を与える。**僕自身、ただ顔を合わせたり、会話をするだけでは起業家が内に秘める思いに気づけないことがある。

一例を挙げると、ソフトウェアの品質保証やテストを専門にする上場企業にシフト（ＳＨＩＦＴ）がある（図表25）。社長である丹下《たんげ》大《まさる》さんには僕自身長らくお世話になっているが、初めて会ったときはシフトがここまでの成長を遂げるとは思っていなかった。良くも悪くも丹下さんには圧倒的なオーラやギラギラ感がないのだ。

直近では株価は下がっているが、シフトは上場来、Ｍ＆Ａをくり返しながら、着実に拡大を続けてきた。起業家の内なる情熱を見抜くことは相当に難しい。だからこそ、グロース株への投資に際しては、企業分析が重要となる。

HORIE'S VIEW

ＺＯＺＯとサイゲームスに見た成長の可能性

僕が実際に行った「企業分析」の一例を挙げよう。

ちょうど10年ほど前にあたる２０１５年ごろ、僕は取材で幕張にあるＺＯＺＯ（ゾゾ）の倉庫の見学に訪れた。その倉庫では各ブランドから預かった服をすべて開封し、

図表25. SHIFT（3697）の株価

配当利回り(%)	PBR(倍)	PER(倍)	ROE(%)
–	18.11	84.50	22.80

事業内容　ソフトウェアテストなど品質保証が柱
顧客のDXなどの支援に積極的

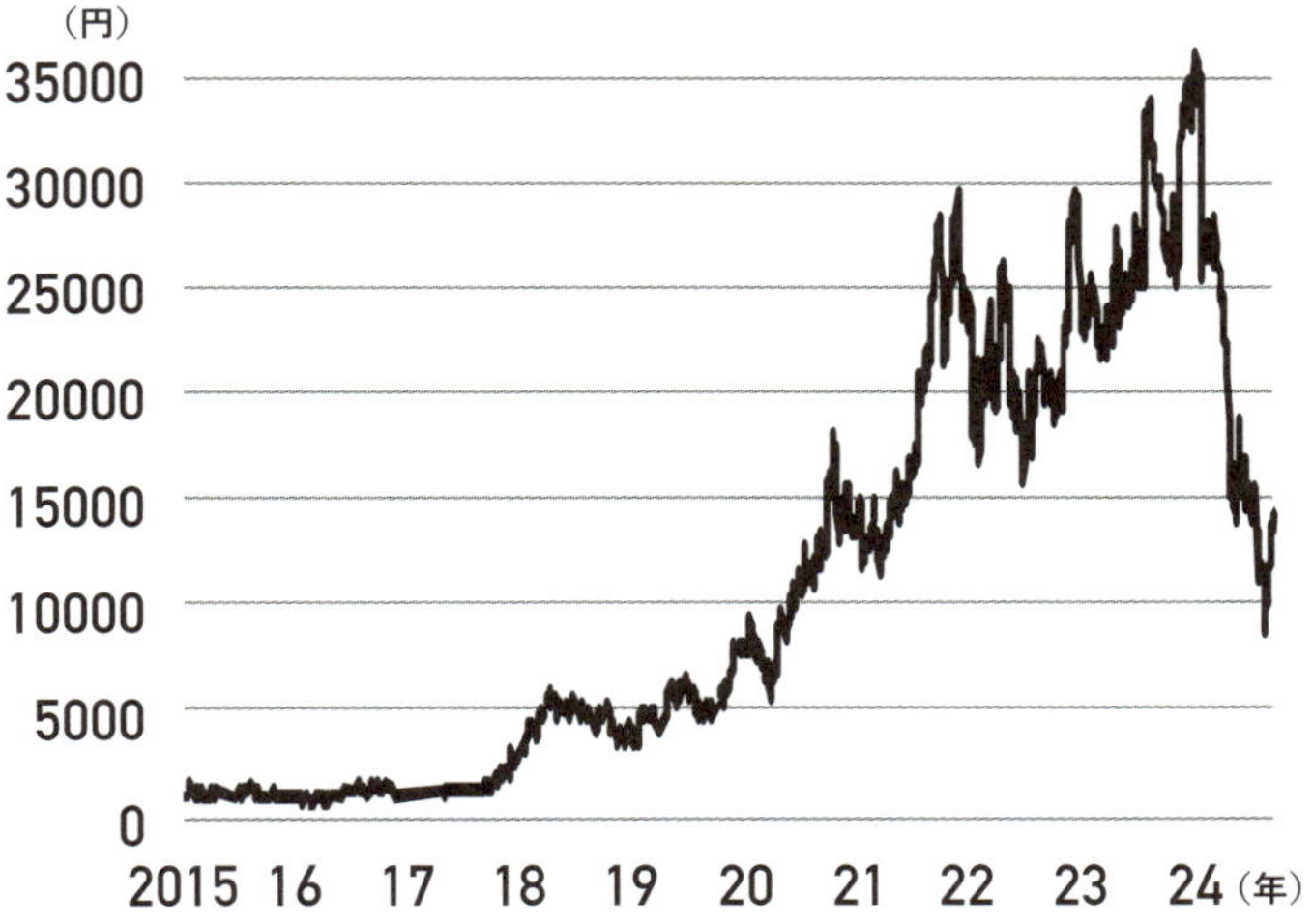

2024年9月3日時点

ＺＯＺＯサイズに合わせて測り直し、モデルに着させて写真撮影を行うオペレーションが敷かれていた。僕自身もモデルになった。**練り込まれた一連の工程**を目《ま》の当たりにして、「ここまでファッションｅコマースを徹底し、突きつめているのか」と驚嘆したのを覚えている。

ＺＯＺＯの株価はそれから5〜6倍に成長した（図表26）。実際に工場まで足を運んでみる機会はなかなかないかもしれないが、僕は見聞きした情報をすべて公開情報として記事にしている。よかったら僕のメルマガなども参考にしてほしい。

もう一例として挙げたいのは、サイバーエージェント（図表27）の子会社であるサイゲームス（Cygames）だ。サイゲームスはサイバーエージェントグループの中でも多くの利益を上げる稼ぎ頭だ。ゲームクリエイターでもあるサイゲームスの社長・渡邊耕一《わたなべこういち》さんがすぐれていたのは、長らく暗黙知だったトップクリエイターたちが行っている**ゲームの作り方を言語化**し、再現性高く制作できるしくみを作ったことだ。

実際に僕もその一部のノウハウを本人から教えてもらったことがある。

ただ、ゲームビジネスにはヒットしたビジネスが終焉《しゅうえん》していく端境期《はざかいき》がある。そう

図表26. ZOZO（3092）の株価

配当利回り（%）	PBR（倍）	PER（倍）	ROE（%）
2.7	13.34	25.5	54.97

事業内容　ファッションECサイト『ZOZOTOWN』の運営

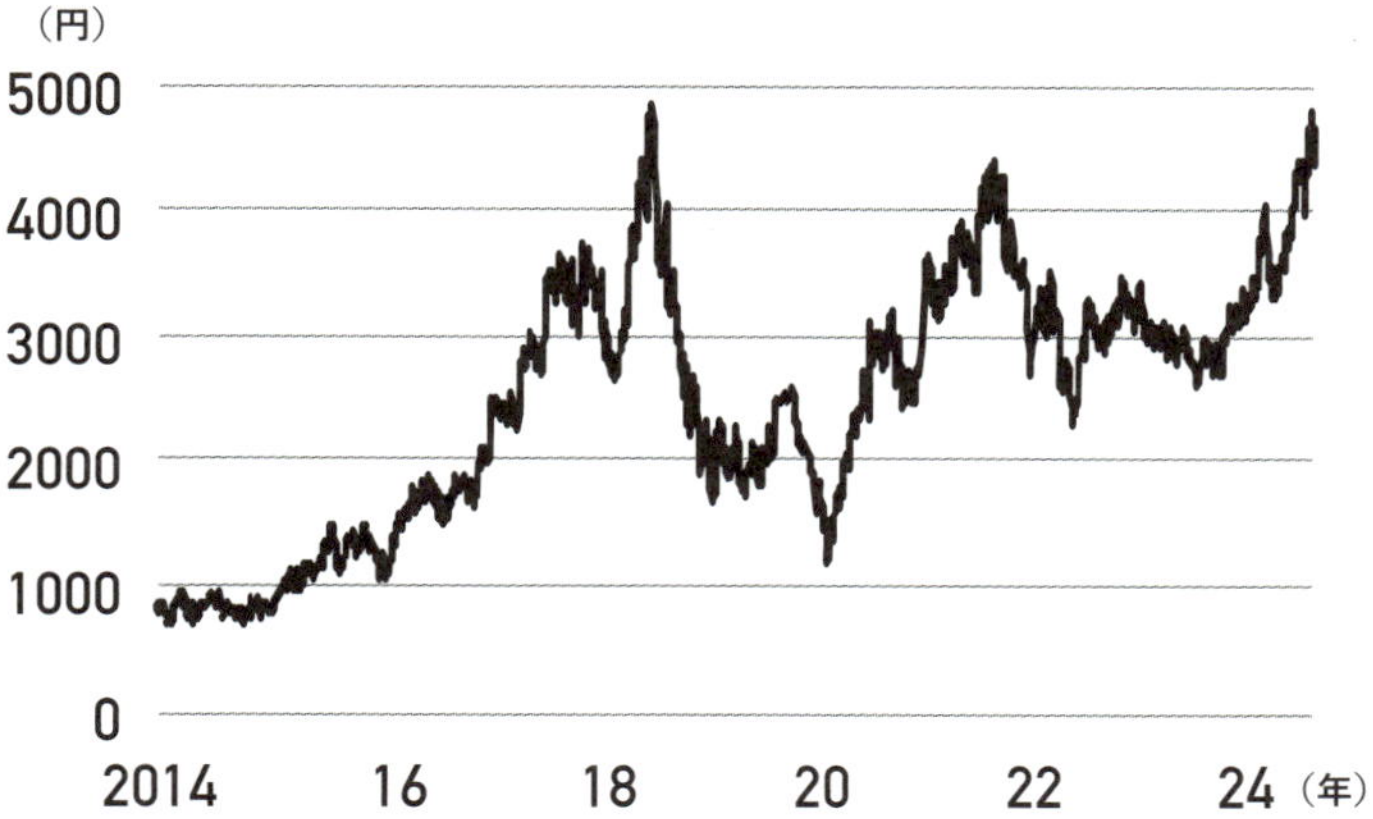

2024年9月3日時点

図表27. サイバーエージェント（4751）の株価

配当利回り（%）	PBR（倍）	PER（倍）	ROE（%）
1.4	3.68	101.2	3.65

事業内容　インターネット広告や「AbemaTV」などのメディア事業
育成ゲーム『ウマ娘』が2021年に大ヒットし株価上昇

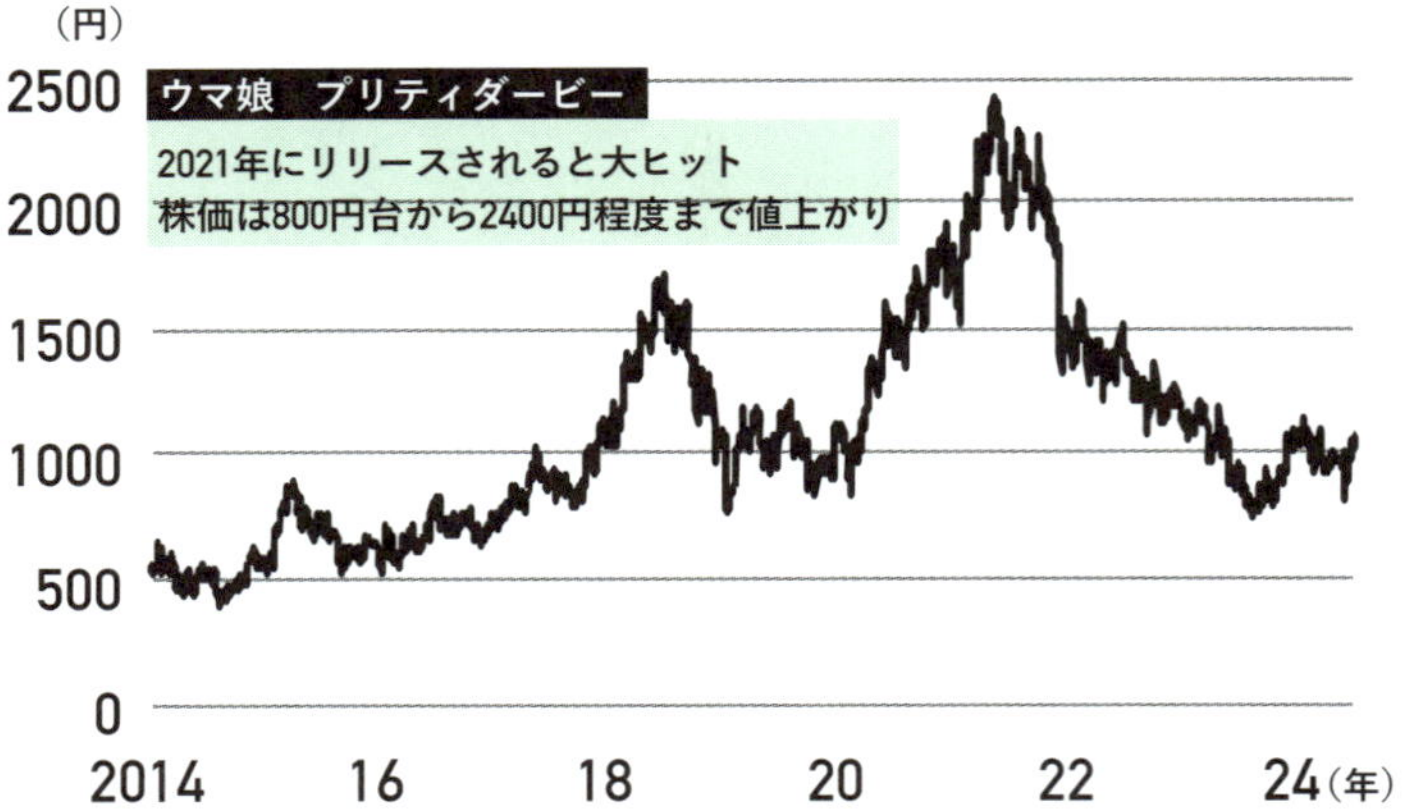

2024年9月3日時点

した時期にさしかかると業績が悪くなり、四半期で見ると株価が下がる。実際、のちに大ヒットとなる『ウマ娘《むすめ》　プリティーダービー』がリリースされたばかりの数週間、株価は下がっていた。

しかし、『ウマ娘』をプレーしている周囲のゲーマーの子たちの声を聞くと、『ウマ娘』には爆発的に流行する要素があることが見えてきた。さらに、『ウマ娘』の開発には通常のゲームとは比較にならないリソースと時間がかけられていることからも、「サイバーエージェント株はストロングバイ（買い推奨銘柄）だ」と感じたのを覚えている。

GOTO'S VIEW

オーナー企業ならではの強みと可能性

堀江さんがいうように、グロース株はたしかに難しい面があります。オーナー企業の場合、創業者の力量によって失敗したときの影響力が比較的大きくなるからです。しかし裏を返せばリスクをとって勝負ができるともいえます。

2～3年で交代してしまうサラリーマン社長の場合、どうしても目先の利益を出すことが求められてしまいます。日本の大企業の役員構成を見てみると、会長、社長、副社長、専務、常務がすべて入社年次の順番に並んでいるところが少なくありません。

一方、創業者の場合、大きな可能性がある事業なら、1～2年の種まき期間のコストはさほどこだわらず、10～20年先を見据えたリスクをとりやすい傾向があります。実際、アマゾンのジェフ・ベゾスはクラウド事業を含め、赤字であっても投資を止めず、いまは世界で大きな存在感を誇るようになりました。

サラリーマン経営者が一概に悪いというわけではありません。ただ、自分のポートフォリオのうち、経営陣の特性も加味しておくのはいい視点だと思います。

2-4 公開情報からヒントを探る

GOTO'S VIEW

公開情報にも宝はうもれている

日本には現在、４千社を超える上場企業があります。たしかにトヨタや三菱商事などのトップ企業は、海外の投資家を含めて分析しつくされているかもしれません。残る大半の企業には、アナリストが付いていなければ、多くの機関投資家の目に入っていない場合があります。実は５００円の株価が妥当なのに、魅力に気づかれていないせいで３００円にとどまっていることがあります。

堀江さんが例に挙げたサイバーエージェントはすでに有名な企業ですが、まだ光が当たっていない小規模の企業はまだまだあります。

堀江さんのような著名人や人脈の多い人ではなくとも、**一般の人が普通にアクセスできる情報は思う以上に多くあります。**

実際に経営者に会ってみるのが理想的ではありますが、難しければ、インタビュー記事や動画を自分なりに分析しながら読み解いてみるだけでも価値があります。つぶさにそうした資料に目を通している人は少ない印象です。普段の自分の生活と照らし合わせ、自分なりの視点で読み解くことで、投資のアイデアにつながることもあるでしょう。

お金はどこに流れているか？

HORIE'S VIEW

僕が見たい「富の総量」

僕が個人的に見たいのは世界の富の総量がわかるデータだ。ようは、**非連続的なイノベーションが起きたときに、どんな変化が起こったのかを定量的に把握してみたい**のである。

たとえば、アイフォンが発売されてから数年間でどんな富の移転が起こったのか（図表28）。ざっくりとした変化ならば世界の株式の時価総額の変遷を見ればいいのかもしれない。

たとえば図表29のように、バブルがはじける前夜と現在の世界の時価総額の企業ランキングはしばしば話題になる。当時はＮＴＴが圧倒的首位の位置にあり、日本企業が上位を占めていたのに、現在はかろうじてトヨタがトップ50に入るまでに落ちぶれてしまった。

ここまではよくある議論だが、ここで僕が注目したいのは**時価総額のケタが変わっている**ということだ。いまでは時価総額が１兆ドル（約１５０兆円だ）を超える企業がゴロゴロと存在する。

GOTO'S VIEW

富豪ランキングから資本市場の流れを読む

ブルームバーグが日々ウェブサイトで更新しているおもしろいデータに「**ビリオネ**

図表28. アップル（AAPL）の時価総額

2024年9月6日時点

図表29. 時価総額ランキング（1989年と2024年）

1989年	（億ドル）		2024年	（億ドル）
NTT	1638	1	アップル	3兆4696
日本興業銀行	715	2	マイクロソフト	3兆2346
住友銀行	695	3	エヌビディア	2兆8455
富士銀行	670	4	アルファベット	2兆193
第一勧業銀行	660	5	アマゾン	2兆114
IBM	646	6	サウジアラムコ	1兆7690
三菱銀行	592	7	メタ	1兆4201
エクソン	549	8	バークシャー・ハサウェイ	9826
東京電力	544	9	イーライ リリィ	8297
ロイヤル・ダッチ・シェル	543	10	ブロードコム	7991

NewsPicks作成（1989年12月31日時点はダイヤモンド・オンラインを参照、2024年9月20日時点）
注：サウジアラムコはCompaniesMarketCap.comを参照

ア・インデックス（世界富豪ランキング）」があります。ジェフ・ベゾスやイーロン・マスクといった世界の大富豪がいくらの資産を持っているのかを試算したデータです。毎日変わるランキングを眺めていると、おぼろげながら資本市場の流れをうかがい知ることができます。

時価総額ランキングの上位は多くのテック企業が占めますが、傘下に「ルイ・ヴィトン」や「ティファニー」などの高級ブランドを持つ仏モエ・ヘネシー・ルイ・ヴィトン（ＬＶＭＨ）のＣＥＯであるベルナール・アルノー氏もトップ集団にいます（資産は２３３０億ドル＝約35兆円）。グローバルで圧倒的に支持されるブランドを複数保有するＬＶＭＨは強固なポジショニングを築いています。

こうした１つのランキングからも、経済の流れについて知識をつなげ、思考を巡らせることができるでしょう。

HORIE'S VIEW

ルイ・ヴィトンの成功は「スープ缶の絵画」と同じ構図

チームラボの猪子寿之《いのことしゆき》くんと、ブランドビジネスの起源について話したことがある。「ルイ・ヴィトンが現在のラグジュアリーブランドになれたのは、アンディ・ウォーホルと同じことをしたから」と猪子くんはいう。ウォーホルの代表作品に、キャンベルのスープ缶の絵画や、カラフルにマリリン・モンローの肖像を写したシルクスクリーンがある。ただの大衆的なスープ缶にも、マリリン・モンローと同じくアートとして同じ価値観があることを示したのが彼の功績だ。アンディ・ウォーホルの絵画が世に出はじめたころ、ルイ・ヴィトンはまだパリに4軒しかないオートクチュールの店にすぎなかった。そもそも、当時のパリコレにはオートクチュールのブランドしかなかった。現在ではどうだろう。ルイ・ヴィトンは中国の工場で大量生産を行っている。その製品に高価な価格設定をして、莫大な利益を上げているわけだ。

ここで何が言いたいのかといえば、中国で大量生産されるルイ・ヴィトンの20万円のバッグは、本質的にキャンベルスープ缶と大差ないということだ。**つまり、これまで見向きもされていなかった製品にアート的な価値を認めたことで、ラグジュアリーブランドとしての地位が築かれることになった。**見方によってはルイ・ヴィトンのカバンはただのカバンにすぎないが、いまだに金持ちの象徴として認められている。つまり、ブランドが富の象徴として機能している。

こうした世界線を切り拓いたのが、ポップアートの旗手とされるアンディ・ウォーホルだったというわけだ。

ブランド価値こそが競争力になることに気づいたことで、LVMHの快進撃ははじまった。次から次へとアパレルブランドの買収を進め、さらには高級シャンパンの代表である「モエ・エ・シャンドン（Moët & Chandon）」も傘下に収めている。

現在、シャンパーニュの5本に1本はLVMHブランドであるとされる。シャンパーニュの原価はどれだけ高くても1本10ユーロ以下だ。それでも、彼らはブランド価値次第で、青天井で値段をつける。

LVMHのやり方に追随する形で、グッチやモンクレールが同様のビジネスモデルを構築しようとしているのだ。

SUMMARY

第二章　まとめ

□ 投資は自分の関心や知識のある分野で長期的に行うのが賢明であり、株価の変動にも冷静に対応しやすい。

□ 業界投資では企業の技術力や市場での位置づけ、将来の成長可能性を評価することが重要。自動車業界では、テスラのソフトウェア重視のアプローチとEV市場の動向、製薬業界ではAI創薬の進化と肥満症治療薬の市場拡大、半導体業界ではTSMCとエヌビディアの業界での強力なポジションに注目が集まっている。

□ 日本の人口減少や労働力不足に対し、**スキマバイトビジネス、シニア向けサービスや外国人労働者支援ビジネス、インバウンド産業**の拡大が期待されている。

□ グロース株は成長が期待されるが、創業者の情熱やビジョンを見抜くのが難しい。バリュー株は割安とされる成熟企業が多い。**オーナー経営者は長期的なリスクをとれる強みがあり、これが成長の要因となることもある。**

第三章

銘柄をしぼりこむ 9つの視点

株のハナシ
おもしろくなってきた
おれも
NISAやる!
おっ
ス
今やるのか
さすがだ(笑)…
実は私も
堀江さんとお話しした後
テスラ株買ったんです
そしたら…
30パーセント
くらい上がりました
そんなに!?
あっ
売買できるのは
15時までですよ
あと3分か〜

早く買いたいのに必読メッセージが何年分もたまってる～！
14:57
重要なお知らせ 未開封 103件
【重要】 未確認
パスワード管理のご注意
【重要】 未確認
リアルタイム株価へのご対応
要】 未確認
読み終わらないと取り引きできないのか～
スクロール
スクロール
カチッ
TIME OUT
間に合わなかったわ
あー残念です
アハハ
堀江さんが株を買う歴史的瞬間に立ち会いたかった～

スコーン
ピコピコ
ポチッ
< Horie
後藤さん！
株買ったよ
ゴルフしながら
ははっ
さすが多動力!!

あなたはどんな企業なら、
「5年後」も保有したいですか？

HORIE'S VIEW

章末で銘柄を特別公開

僕は株式に関する細かい企業・財務情報を見て、投資を行うわけではない。あくまでも事業の将来性や技術のポテンシャルから大きな流れを見る。そのため、当たりをつけた銘柄からスクリーニングをかけ、実際に投資を行う銘柄を選定する方法を学ぶ本章の大部分の解説は後藤さんに任せることにする。

本章の最後で、僕自身が実際に行った株式投資の銘柄を紹介しながら、投資を行った理由を説明しよう。

3-1 スクリーニングの初歩

【視点① 最低投資額】

GOTO'S VIEW

基本情報をチェック

第一章で投資との基本的な向き合いかたを学び、第二章では堀江さんがどのように個別企業に注目しているか、いくつか具体例を挙げて見てきました。この章では、具体的に投資銘柄をしぼりこむスクリーニングの切り口をいくつか解説していきます。

まずは実際に、気になる企業の株価を調べてみましょう。その銘柄への投資に必要となる最低金額がわかります。

２０２４年現在、国内銘柄は１００株で「１単元」と呼ばれ、普通は１単元からしか購入できません。つまり、**「株価の１００倍の金額が最低投資額」**となるわけです。

もし株価が１万円を超えていれば、必要な最低投資金額は１００万円を超えます。投資に振り分ける資産額がかぎられている場合、予算の一定割合以上の銘柄に投資をしてしまうだけで、分散投資が現実的ではなくなってしまいます。まずは最低投資金額を把握し、自分の予算内で対象になりそうな銘柄かどうかを確認してみましょう。

図表4(再掲). 主な米国企業の最低投資金額

企業名 (ティッカーシンボル)	1株あたり株価	円換算の最低投資額 (1ドル=150円)
エヌビディア(NVDA)	119.4ドル	17,906円
アルファベットA(Google)(GOOGL)	163.4ドル	24,507円
テスラ(TSLA)	214.1ドル	32,117円
アップル(AAPL)	229.0ドル	34,350円
マイクロソフト(MSFT)	417.1ドル	62,571円
メタ(Facebook)(META)	521.3ドル	78,197円
アマゾン(AMZN)	178.5ドル	26,775円
イーライ リリー(LLY)	960.0ドル	144,003円

2024年9月1日時点。手数料などは除く

ただ最近は、日本株の中にも「単元未満株(ミニ株・スモール株・S株)」などと呼ばれる、単元以下で買える方法もあります。証券会社のホームページをチェックしてみてください。

また、米国銘柄は1株から買える株がほとんどです。第一章でも米国銘柄の簡単な表(図表4)を掲載しましたが、日本人に広く名の知られる有名企業の株でも、数万円から購入が可能です。予算のかぎられた方でも、米国の個別株で分散投資することは難しくありません。ただし、取引手数料がかさむ場合もあるので、よくチェックしてください。

【視点② 企業のウェブサイト】

GOTO'S VIEW

人が事業を動かしている

「5年後、10年後に期待できるか?」という視点で投資する企業を調べるには、各企業のウェブサイトも重要な情報源です。

また、余裕があれば決算説明会資料（IR資料）も読んでみましょう。多くの企業ではスライド形式で決算説明会資料が閲覧できるようになっています。決算短信のように硬い専門用語や財務諸表ではなく、シンプルな構成と図版で見やすくまとめられていることが多いです。

この資料を読むことで、企業が現在力を入れている事業の方向性を知ることができます。案外、自分が日ごろ触れていた主力製品が、実は売上や利益のメインドライバーではないこともあるので、自分の仮説と照らし合わせながら読むのもオススメです。

ただ、基本的に決算説明会資料は「ポジティブな要素」だけで編集されていることも多いことに注意が必要です。決算説明会や取材で記者に触れられたくないポイントについては除外されている可能性もあるので、一歩引いた目線から読むようにしましょう。あくまでも各企業の概略をざっくりとつかむために利用します。

前章でも触れましたが、経営者を見るのも大切です。ものすごく大きな企業であっても、**人が事業を動かしています。**経営トップのメッセージからはその会社の事業だけでなく、社風や雰囲気、そして経営者の人柄も現れることがあります。

逆に、「部下に作らせただけだろうな…」と感じるような、当たりさわりのない文章の場合もあるでしょう。社長の思いがこもった個性や熱意のあふれるメッセージなのかなど、少し見てみると企業ごとの違いが見えてくると思います。

最近は企業自身が動画を配信したり、経営者がユーチューブなどに出演したりする機会も増えています。動画は人間性がいっそう伝わってくるので、探ってみるのもいいでしょう。

【視点③ 余裕があれば「数字」も見てみよう】

GOTO'S VIEW

投資判断によく使われるモノサシ

投資判断の際には、売上や利益の規模だけではわからない「投資対象としての魅力」を把握するため、株価の妥当性や企業の収益性をチェックすることがあります。

「この株価は高いのか安いのか」と**株価の妥当性**が気になる方は、「ＰＥＲ（株価収益率）」や「ＰＢＲ（株価純資産倍率）」を、**企業の経営効率**が気になる方は「ＲＯＥ（自己資本利益率）」などを見てみましょう。「**配当利回り**」も、日本人に人気の指標です。各指標の使い方を簡単に図表30にまとめたので、参考にしてみてください。

ただしこれらは日々の株価や四半期の決算ごとに変化します。長期投資を考えるうえでは、株式購入前に重要視するというよりも、現時点の状況を把握したり、他社と

図表30. 投資判断によく使われるモノサシ（指標）

指標		わかること	チェックの目安
PER（Price Earnings Ratio）	株価収益率	利益から見た「株価の割安性」 株価が「1株あたり純利益」の何倍になるかを表す	何倍なら割高、割安という基準はない。利益水準は業種によるため、企業比較は同業種間で行う 収益成長期待が高い企業ほど、割高でも株を購入する投資家がいるため、PERは高くなる傾向にある
PBR（Price Book-value Ratio）	株価純資産倍率	純資産から見た「株価の割安性」 株価が「1株あたり純資産」の何倍になるかを表す	1倍を下回ると、割安（帳簿上の価値よりも安く取引されている）とされる
ROE（Return On Equity）	自己資本利益率	「経営の効率性」 自己資本に対してどれだけの利益を生み出したのかを表す	業種によって異なるが、10%を上回ると優良企業とみなされやすい
配当利回り		購入した株価に対し、1年間でどれだけ配当を受けることができるかを示す	4%以上になると高配当株といわれることが多い 大まかに、高配当利回り株は「成熟企業」が多く、低配当利回り株は配当以外に魅力のある成長期待の高い企業が多い

比較してその理由を考えたりしてみるのに使うとよいでしょう。いずれにせよ「割安」か「割高」かと数字だけを見て判断するのではなく、他の指標や定性情報と組み合わせて判断することが大切です。

このあたりを細かく分析するうえでは、証券会社が出しているアナリストレポートを参照したり、業界ごとの市場特性をまとめている書籍や新聞記事に目を通してみたりするのもいいでしょう。最近は、ユーチューブにも主要企業の解説も増えています。情報収集のしかたは、動画なり書籍なり、一次情報にあたるなり、自分に合った方法でよいと思います。

ただし、証券会社は株高を予想する傾向がある点は割り引いて見るべきです。証券会社からすれば、株を買ってもらうほうが収益に結びつきやすいので、そうした会社の事情が影響している可能性があります。

ユーチューブなどの発信も、たくさん再生されることで広告収入を稼ごうとしている場合や、企業とタイアップして金銭を受けとっている場合もあります。世の中の投資情報においては、発信者がどういう立ち位置なのかを意識することも大切です。

【視点④ 売買のしやすさ】

HORIE'S VIEW

個別株の投資で一番大切なのは「流動性」

僕は上場企業であるライブドアを経営していたとき、個別株の投資において一番重要な指標に気がついた。それは、**買いたいときに買えて、売りたいときに売れる「流動性の高さ」**だ。

ライブドアに値がつかなかった日は2日しかない。それは上場初日にネットバブルがはじけ、株価が暴落してストップ安になった日と、マザーズ（現在の東証グロース）市場の低迷期に値がつかなかった1日だけである。現在の東証グロースにはそれなりに流動性のある銘柄が多いが、当時のマザーズは見向きもされていなかった。むしろ、僕たちがこの市場を人気にしたと思っているくらいだ。

それでも、実はほとんどの上場株には十分な流動性がない。１日１回も取引されない株だってある。一定の流動性がなければ売りたいときに売れないため、資産としての意味がない。大量に売ろうとしたときに価値がつかないのであれば、そもそもの資産価値も低いことになる。その意味で、株式投資をする際に「流動性の低い株に手を出すのはリスク」であることを覚えておきたい。

だからこそ、僕は銘柄選定をする際、まずは流動性の観点からスクリーニングをかけてもいいと思っている。上場企業４千社をふるいにかけて残る、十分な流動性を確保できる企業はせいぜい数百社程度だろう。

GOTO'S VIEW

小さい株には小さい株の良さがある

特に大きな額を運用しているときには、流動性はたしかに重要な要素です。時価総額（株価×発行済株式数）が小さく、流動性が低い銘柄のことを「小型株」といいます。

小型株であるＡ社の株を、たとえば３００万円分売ろうとしても、なかなか「買い手がつかない」ということが起こりえます。買い手がついたとしても、事前の買い注文が少なければ、一定の売り注文で株価はスルスルと下がってしまいます。

わかりやすい例としてスマホの転売を挙げましょう。アイフォンの最新機種であれば、買い手は探しやすそうです。このため、買い取り業者も多く、比較的高い値段で買いとってくれるでしょう。

一方、あまり売れ行きのよくないスマホだと、業者が買い取り対象にしていないこともあります。無理にでも売ろうとしたら、かなり安い値段でないと買い手を見つけられません。小型株はこうしたスマホに似ていて、「いざ売ろうとしたときに売りにくい」面があります。これは**流動性リスク**といわれます。

ただし少額投資であれば、小型株でもリスクをそこまで気にする必要はありません。

むしろメリットもたくさんあります。

規模が小さい銘柄のほうが、投資をするうえで事業や商品もわかりやすく、**愛着が持ちやすい側面**があります。たとえば時価総額30億円程度の会社であれば、全体像が比較的見えやすいでしょう。自分にとって身近な企業であるほど「ひょっとしたら5年後、事業売上が3倍になってもおかしくないんじゃないか」と具体的に期待を抱きやすいかもしれません。

一方、時価総額1兆円以上の日本を代表する企業に投資をしようとしても、規模があまりにも大きすぎて全容をつかみづらい場合があります。たとえば三菱商事ほど大規模な企業では、事業も多様化しており、具体的な成長規模を予想するのも難しいでしょう。

また、すでに「大型株」であるトヨタやアップルの時価総額が10倍になるイメージはしづらい一方、小さい企業の株が短期間で数倍〜数十倍になることはありえます。流動性リスクがあるぶん、将来大きく化ける可能性も秘めているのが小型株の特徴です。

小型株も一長一短です。たくさんの銘柄を保有するのなら、その中の一部に個別株を入れることもよいと思います。

3-2 自分なりのアングルで銘柄をしぼりこむ

GOTO'S VIEW

独自の視点を持つ

これまで説明した観点で銘柄をしぼりこもうとしても、まだまだ数えきれない銘柄が残っていると思います。そこで、自分自身が関心を持つ大きなトピックを起点に、自分なりのアングルで銘柄を探っていくのも1つのやりかたです。

たとえば「AI」や「働きかた」といった大きなテーマをもとに、「これからの社会はこうなっていくのではないか」「この企業は社会課題の解決に貢献するのではないか」といった視点です。こうした視点で銘柄を選べば、思い入れや信頼を持って長期投資しやすくなると思います。参考までに、いくつか具体的な視点を紹介しましょう。

【視点⑤ ＡＩがもたらす影響】

GOTO'S VIEW

ＡＩに代替されないか？

ＡＩはものすごい勢いで進化しています。世の中の製品やサービスが進歩するだけでなく、私たちの働きかたや暮らしかたも劇的に変化させる可能性を秘めています。

たとえば、「経済情報の発信」という私の仕事をとってみても、発表資料の要約や分析はＡＩにどんどん発注できるようになっています。イラストやサムネイルもすぐに画像生成してくれます。何かイベントごとがあれば、どんな原稿を作れるか、素案もすぐに出してくれます。これまで人力でやっていた作業はかなり代替が進んでいます。

一方、**取材先との長年の信頼関係**はＡＩに代替されません。**多くの読者、視聴者からの認知度や信頼**といったものも、当面はＡＩに奪われにくい要素といえそうです。

こうした差はどんな職種でも今後起こってくるでしょう。生成ＡＩが進化を続ければ、多くのホワイトカラーの仕事がＡＩに置き換えられていくと見られています。特に定型化しやすい仕事は真っ先に影響を受けるはずです。場合によっては、会社ごとなくなってしまうケースも出てくるでしょう。

ＡＩが社会に大きな変革を迫るなか、念頭に置きたいのは「ＡＩで代替できない、人間にしかできない仕事」を考えることです。

個人的には、物理的なモノの製造や移動、食事が関わる業界、リアルな場所や体験の価値、転職や介護など人の動きにダイレクトに関わる業界、医療や電気など「ニーズがなくならない」と言える領域に注目しています。

たとえば……

●人材
●観光・インバウンド
●製造（アパレル・木材など）
●交通
●農業・漁業・林業
●宇宙開発
●エネルギー（石油・電気・ガス）
●半導体

HORIE'S VIEW

ＡＩと協働できるか？

逆に、「ＡＩとうまく協業することができそうな業種・企業・職業かどうか」も視点の1つになると思う。ＡＩ活用やデジタル・トランスフォーメーションが進んでいない領域に入りこめそうな企業、研究開発やサービス開発に力を入れている企業を見つけるのも手かもしれない。

そもそも投資の視点にかぎらず、誰も数年後の未来を正確に言い当てることなどできない。いまある仕事や企業だって、10年前にはなかったものもたくさんある。1年後だってどうなっているかわからない。1つ1つの観点について語っていくとキリがないので、ここではざっくりとした分類にとどめる。

AIや機械と協働して生き残る業界や職種（例）

- 建設
- 物流・運輸
- 小売・外食
- 医療・予防医療・創薬
- 介護
- ホワイトカラーのサービス業（銀行・コンサルティング・広告）
- 動画・音声（コンテンツ・SNS・エンターテインメント）

【視点⑥ グローバルマーケットでの立ち位置は？】

GOTO'S VIEW

グローバルトップとローカルニッチ

近年、アメリカをはじめとした巨大グローバル企業がますますプレゼンスを高め続けている傾向を感じます。第二章の業界投資（製薬業界）でも見た通り、日本でそれなりに有名な企業であっても、海外を見渡すと、時価総額がその何十倍もの企業がゴロゴロ存在します。

こうした企業はグローバル規模でブランド力を高め、人材獲得競争でも圧倒的な強さを発揮しています。それにより、業界における参入障壁を高め、比較的規模の小さい企業が市場から排除されやすい構造ができてしまっているのです。オープンＡＩに資本と頭脳が集まっている様子からも明らかなように、ＡＩの世界でも同様の構造が見られます。こうした過酷なグローバルマーケットの現実は頭に置いておくべきでしょう。

投資先をしぼりこむときも、日本企業に閉じたリサーチをするのではなく、世界のトップ企業と規模感を比較してみましょう。インターネットで簡単に検索できるという意味で、まずは時価総額で比べてみるのがいいでしょう。それにより、**グローバル全体での相対的な立ち位置**を把握することができます。先ほどの「AＩに代替されないか？」と同様、「海外企業に淘汰されないか？」という視点も判断材料に入れておきたいところです。

逆に**国内でニッチな事業を展開する企業**は優位に立ちやすい面があります。日本文化を把握したうえで、日本独自のサービスを展開すれば、海外の巨大資本を持った企業も参入へのハードルが高まります。

【視点⑦ 自分自身が大切にしていること】

GOTO'S VIEW

社員がイキイキと働ける企業こそ強い

一例として、私が投資する際に個人的に気にしているポイントは、「**社員がイキイキと働けているかどうか**」です。近年、日本でも転職が当たり前になりつつあり、人材の流動性が高まってきています。こうした状況で、それでも優秀な人材を確保し続けられている企業は、裏を返せば、社員がイキイキと活躍できる環境を提供できていると考えられます。

従来、従業員の給料を抑えることで利益を上げ、その結果株価が上がることがありました。「人件費はコスト」という考えかたです。しかしいま、株主だけを見て従業員が離れてしまえば、そもそも利益を上げることができません。今後ますます人材の流動性が高まっていくとすれば、優秀な人材がイキイキと長く働ける土壌を提供できる企業こそ強くなると考えられます。

たとえば報酬。上場企業は年に1回、従業員の平均年収を公開する義務があります。有価証券報告書を見れば、従業員のざっくりとした報酬を把握することができます。最近はキーエンスや大手総合商社の年収が高いという情報はSNSなどでもよく知られています。こうしたイメージが広がることは採用の競争力が高まることにもつながります。また、ここ数年は初任給を大幅に引き上げるという企業ニュースがものすごく増えました。少子化で20代は特に人手不足です。

一昔前は「社員は給料が安くて、仕事がきつくても、どうせ辞めない」といった認識の経営陣も少なくなかったと思いますが、時代は変わっています。そうした時代の変化に対応できる機動力や資本力も大切です。

また、働くうえで重要なのはお金だけではありません。企業の働きやすさや従業員

図表31. 転職・就職のための情報プラットフォーム「OpenWork」

社員による会社評価スコア ― 株式会社ユーザベース

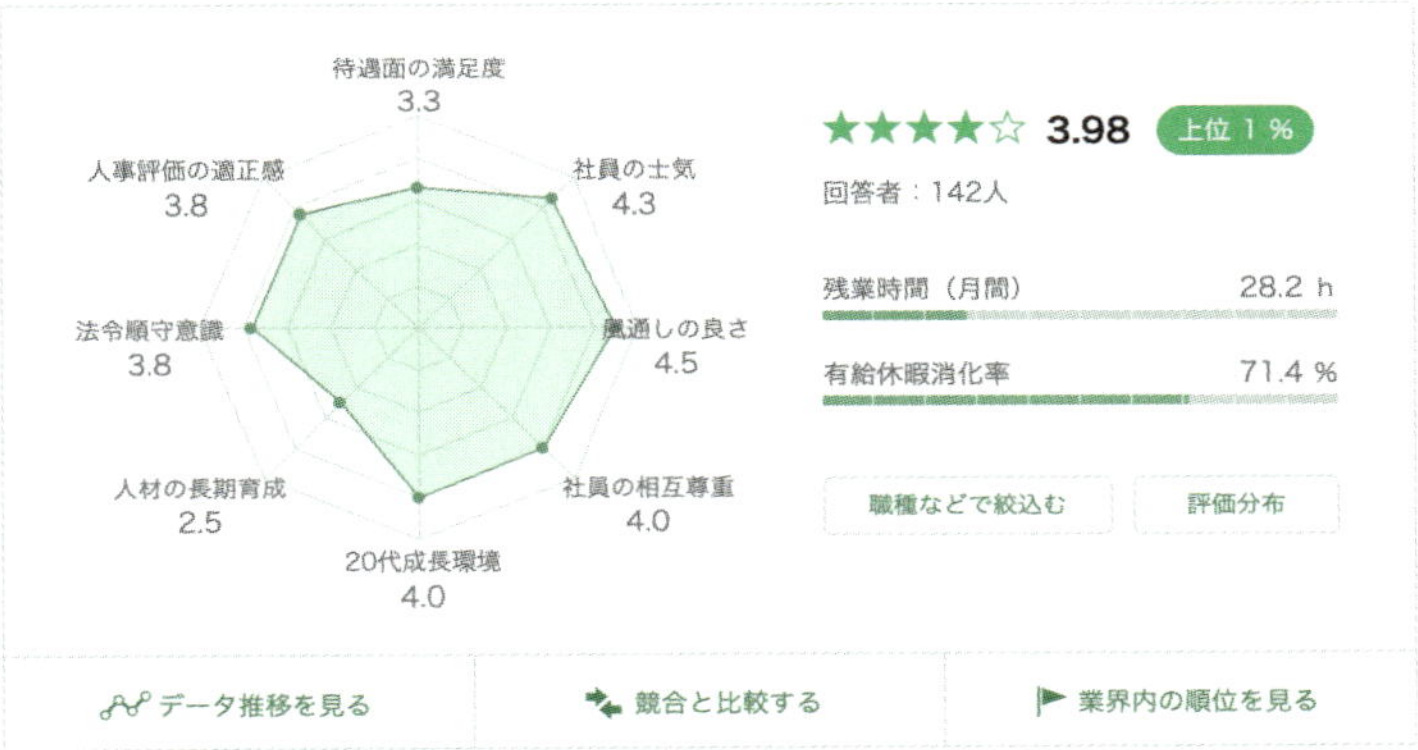

資料：OpenWork

のやりがいを把握するうえで役に立つのが、社員の口コミが可視化・データベース化されている「OpenWork（オープンワーク）」などの指標です。

各企業のページには複数の項目から評価される8角形のチャートがあり、多角的に企業の内実をうかがい知ることができます（例：図表31）。定点観測していくと、「○点以上であれば良さそうだ」と感度も高まってきます。

こうした点数が高ければ、社員の士気が高く、離職率も下がりやすくなる可能性があるでしょう。

もちろんこうしたデータや指標を見るだけではなく、気になっている企業に勤める知り合いがいれば、実際に内情を聞いてみるのもよいでしょう。

GOTO'S VIEW

コロナ禍以降注目される「オルタナティブデータ」

投資の判断材料として「オルタナティブデータ」の重要性は増しています。**これまで投資判断に使われてきた決算開示などの公開情報「以外」のデータ群**です。ニュース記事、ＳＮＳ投稿、ＰＯＳデータなど、従来投資判断に使うことが難しかったビッグデータの利用が海外の金融機関を中心に広がっています。

コロナ禍で、それまでロックダウンを経験したことのない都市圏において、経済活動にどんな影響が出ているのかを定量的に把握するためにオルタナティブデータが活用されました。たとえば、レストランのオンライン予約サービスを提供する「オープンテーブル（OpenTable）」の予約数の推移によって、コロナ前後の経済状況を把握するのに役立ったのです。当時、私はニューヨークに駐在しており、私自身オープンテーブルのデータを見ていました。オープンテーブルには2日前のレストランの予約状況がすべて数字で表示され、前年同月比も曜日調整したうえで把握することができました。

事後的に検証してみたところ、オープンテーブルのデータと失業率が見事にリンクすることがわかりました。つまり、客足とレストランの従業員の数が連動するわけです。そのため、エコノミストたちはこぞってオープンテーブルのデータをもとに経済や金融政策の予測を立てようとしました。

今後、ＡＩがさらなる発展を遂げれば、旧来までの指標だけではとらえられなかった経済活動も明らかになる可能性があります。そのため現在、あちこちの金融機関でビッグデータを活用した経済・株価予測の研究が進められています。オルタナティブデータが経済学者、データサイエンティストにとって間違いなくホットトピックになっているのです。

3-3 売買のタイミング

【視点⑧いつ買うか】

GOTO'S VIEW

ここでも基本は「長期・分散」

「何を買うか」を決めたら、「いつ買うか」が気になると思います。

ただ初心者であれば、まずは少額、口座を開設して「すぐに」買ってみるのがいいでしょう。

「できるだけ安いときに買いたい」「できるだけ高いときに売りたい」とは誰もが思

うことかもしれませんが、どれだけニュースやチャートを見ても、「この先、高くなるか、安くなるか」と予測精度が高まるとはかぎりません。

買うタイミングを探っているうちに、株価がスルスルと上がることもよくあります。

いいかえれば、**「絶妙なタイミングで買う」というのを狙うのは高望み**といえます。長期で投資するのであれば、買うタイミングにこだわりすぎないのがいいでしょう。

積立投資のように「買うタイミングを分散」するのであれば、株価が高いときも安いときも淡々と買うので、購入単価は平準化できます。また少しずつ買うのであれば、その直後に株安が訪れても、ダメージは大きくありません。

購入タイミングの「分散」という観点でのおすすめは、投資信託でできる「毎日積立」です。たとえば、月に1万円程度投資すると、毎営業日400円程度を自動的に購入を続けるというしくみが多くの証券会社で用意されています。2024年8月初旬のような株価急落時も、淡々と少額を積立してくれるのです。

【視点⑨ いつ売るか】

HORIE'S VIEW

「半値八掛け二割引」

「下がっている株をいつ売ればいいですか?」という質問をよく耳にする。ここで思い出したいのが、相場の格言である**「半値八掛け二割引」**。つまり、株は暴落して半値になっても、そこからさらに「八掛け」(80%)、そして二割引になるという教訓だ。ようは「損が怖ければさっさと売れ」という話である。

そんな格言とともに、ひふみ投信を運用している藤野英人さんが教えてくれた考えかたを紹介したい。売るのを迷っている際は、「他に気になっている、同じくらいの株価の銘柄と比べてみる」という考えかただ。

たとえばある銘柄Aを20万円で買って、現在半値の10万円に下がっているとする。

同じように現在10万円で買える銘柄Ｂと比較したとき、「どちらが上がりそうか」という視点で見るのだ。自分の持っている株が半値になったという点はこの時点で関係ない。「ＡとＢ、どちらが上がるか」を考えてみれば、その時点で「売り」かどうか判断できるというわけだ。

GOTO'S VIEW

「売り」は、人生でお金が必要になったとき

「買いは技術、売りは芸術」という言葉があります。「買うタイミング」よりも難しいのが、「売るタイミング」です。

今日売るのか、それとも明日以降に持ち越して売るのか。どちらにせよ、その日でなければいけない合理的な理由はなかなかありません。だからこそ、売りの判断は難しいのです。

私のスタンスは「**売らなくていい**」というものです。本書でくり返し述べているように、私は個人の投資の基本を長期投資と考えています。あくまで投資の目的は、老後を含め、人生のライフイベントでかかる大きな出費に対する手当です。なので、売るタイミングはおのずと、**人生でお金が必要になるタイミング**だということになります。

たとえば、30歳から余裕資金で投資をはじめたとします。50歳になり、運用金額が1千～2千万円になった。その際も、別にこのお金を使う必要がなければ、ほったらかしにしておきます。70歳を超えて、収入が年金だけになり、キャッシュに余裕がなくなった段階で、運用資金の一部を崩して使えばいいのです。仮に新NISA枠の2千万円が貯まっていたとしても、一度にすべてを解約する必要はありません。

最終的に「売り」の絶妙なタイミングを当てることは誰にもできません。であれば都度、必要な額を引き出すことで、売るタイミングを分散することができるのです。

買った値段を一度忘れて、それでも買いたいと思うか

売るタイミングについて伝えておきたいのは、**株を買ったときの値段をあまり気に**

しすぎないほうがいいということです。たとえば、100万円で買った株が60万円になってしまった。「なんとかして40万円を取り返したい」と躍起になると、「ナンピン買い」などでリスクを高めてしまったり、売りどきを逃したりしかねません。

買った値段よりも大事なのは、**「いま売っても、もう1回買いたいか」**という視点です。仮に60万円に下がったときに一度清算したとして、もう一度同じ株を60万円で買いたいと思うかどうか。反対に利益が乗ったときも同様に、100万円で買った株が150万円になり、一度清算してもまた買いたいと思えるかどうか。いずれにしても、「買いたい」と思わないのであれば、それが売りどきなのかもしれません。上がる期待ができないということだからです。つまり、買った値段を一回忘れて、もう一度買いたいと思うかどうかが重要なのだと思います。

ここまでで、ようやく「株を買って、売るまで」の視点を紹介できました。次項からは、堀江さんが購入した銘柄を公開してくれます。本書のショート漫画でも表現しているように、私もそのプロセスを多分に楽しませてもらいました。

HORIE'S VIEW

身銭を切って、読者と学ぶきっかけに

本の冒頭でも書いたように、これまで僕は基本的に個別株に投資をしてこなかった。しかし、後藤さんと投資の本を出すからには、自らが株式投資に触れないわけにはいかない。そこで僕も株を買うことにした。

身銭を切らなければ、読者にとっても信頼性が生まれないだろう。次章では、今回の書籍をきっかけに僕が実際に買った銘柄を、なぜ買ったのかという理由もあわせて紹介していく。

SUMMARY

第三章　まとめ

☐ 日本株は通常、**株価の100倍が最低投資額**となる。米国株は1株から購入でき、比較的少額で分散投資が可能。

☐ 将来性を評価するために企業のウェブサイトや決算説明会資料、経営者メッセージも参考に。ポジティブに編集されがちなので、冷静に判断することが大切。

☐ PERやPBR、ROEなどの指標を用いて株価の妥当性や企業の収益性を分析し、他の情報と組み合わせて判断する。流動性が高い株は取引がしやすいが、少額投資ならそこまで気にしなくてOK。小型株は少額投資での利用が推奨される。

☐ AIに代替されない分野や、AIと協業可能な領域、グローバル市場でのポジションも確認する。

☐ **株の購入タイミングは、少額で早めにはじめ、長期投資を基本にしてタイミングにこだわらないのがよい。**売却時はライフイベントに応じて分散するのが賢明。

特別公開ページ

ホリエモン、株を買う

1. ECと金融に強み
楽天グループ（4755）

配当利回り（%）	PBR（倍）	PER（倍）	ROE（%）
−	1.61	−	-41.14

まず1社目に選んだのが「楽天」だ。僕は以前から楽天の動向を定点観測し、人気コンテンツとして発信し続けてきた。後藤さんは「いまや楽天を報じるトップジャーナリスト」と褒めてくれたくらいだ（笑）。

2023年5月、サイバーエージェントの藤田社長が楽天に100億円規模の出資をしたとき、株価は500円近かった。それからの株価の上昇を見ると、彼が勝負師と呼ばれる所以《ゆえん》がわかる。彼は麻雀も将棋もめちゃくちゃ強い。巷では「男気出資」といわれていたりもするが、僕は基本的には勝算があったからこそ出資したのだと感じている。つまり、**今後楽天がどう転んだとしても、必ず儲かると踏んでいる**のだ。

楽天グループ（4755）

事業内容　国内外において金融サービス、モバイルサービスといった多岐にわたる分野で70以上のサービスを提供

2024年9月6日時点

現在の楽天はモバイル事業が苦しく、資金繰りに窮している。だからといって、そのまま倒産してしまうのかといわれたら、そんな単純な話ではない。楽天の周囲にいる金融機関は虎視《こし》眈々《たんたん》と状況を見つつ、草刈りを行っている。また、KDDIやNTTドコモにとって国内の携帯電話マーケットは頭打ちのため、事業戦略として小売や金融をとりこんでいっているのだ。

つまり、楽天が立ち行かなくなっても、結局どこかが楽天を買収するだろうという予測が成り立つ。モバイル事業は苦境でも、ECと金融だけで見れば、楽天の時価総額は3～4兆円でもおかしくない。僕がKDDIの社長なら楽天を買収するだろう。

2. 医療従事者向けのビジネスはかたい

メドレー（4480）

配当利回り（%）
–

PBR（倍）
8.11

PER（倍）
55.5

ROE（%）
15.73

2社目に選んだのが、ヘルスケア向け成果報酬型人材紹介の「メドレー」だ。医療従事者向け情報サイトを提供するエムスリーの一時の急成長を考えると、いま買うならメドレーだと思った。ソネットの子会社、つまりソニーの孫会社だったエムスリーに僕はかなり昔から注目していた。

そもそも、**医療従事者向けのサービスはビジネスとしてかたく、そして伸びている領域だ。**スマホ・SNS時代にもよりアダプトしたサービス提供ができれば、メドレーは今後も伸びていきそうな企業の1つだと感じている。

メドレー（4480）

事業内容　主力事業はヘルスケア領域向け成果報酬型人材紹介

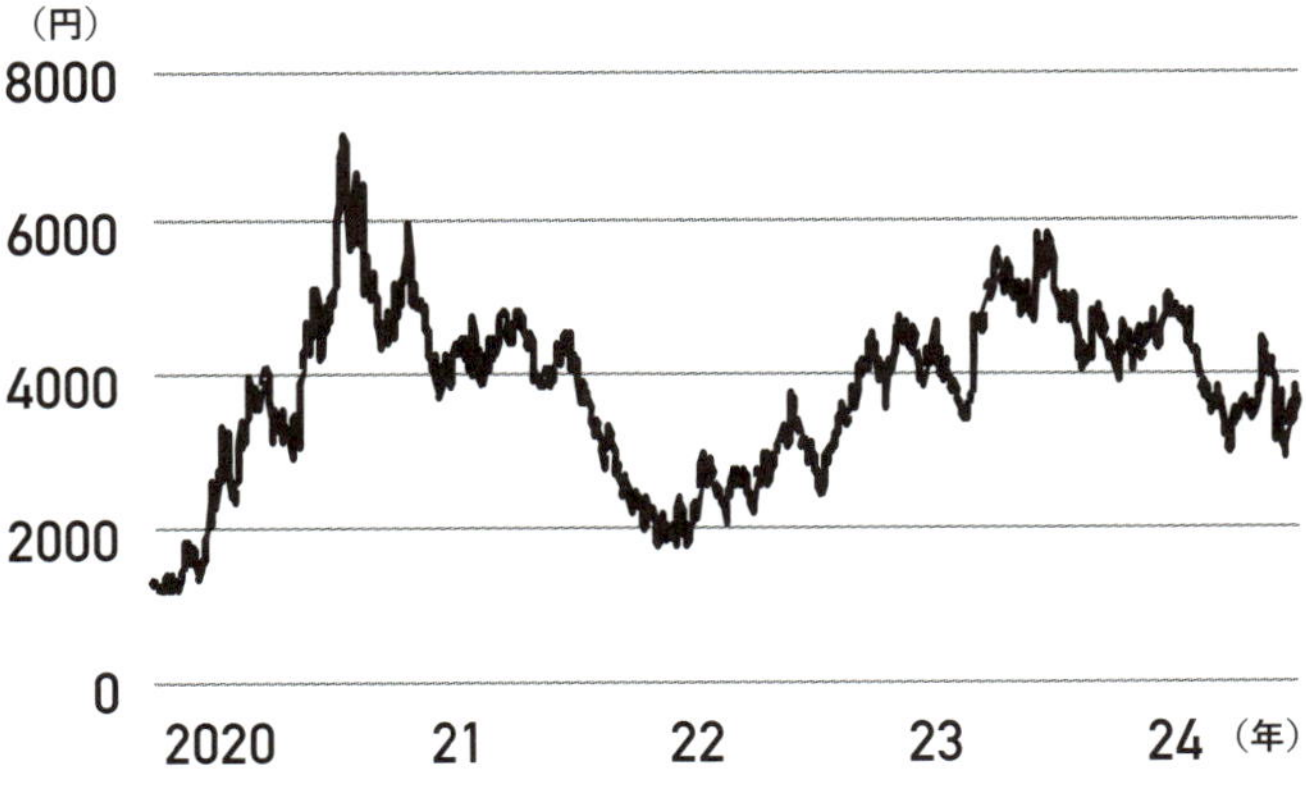

2024年9月6日時点

3. メッセンジャーRNA関連で押し目買い

モデルナ（MRNA）

配当利回り（%）	PBR（倍）	PER（倍）	ROE（%）
–	2.74	–	-28.59

モデルナといえば、新型コロナウイルスにおける騒動の際にワクチンで注目を集め、その期待感から株価を一気に上げた企業だ。しかし、現在の株価はだいぶ落ち着いているため、押し目買いどきと見ている。

モデルナは、**僕が注目する技術であるｍＲＮＡ（メッセンジャーＲＮＡ）関連の銘柄**として購入した。ｍＲＮＡワクチンは元々、がんの抗体治療に使われていた技術だ。製造のリードタイムが短くなったため、パンデミックが起こった際にも、即座に増産できる点で重宝された。元来、日本のインフルエンザワクチンは鶏卵から作られているため、即座に生産量を増やすことができない。

モデルナ（MRNA）

事業内容　ミッションは「mRNA医薬で人々に最大の可能性を」

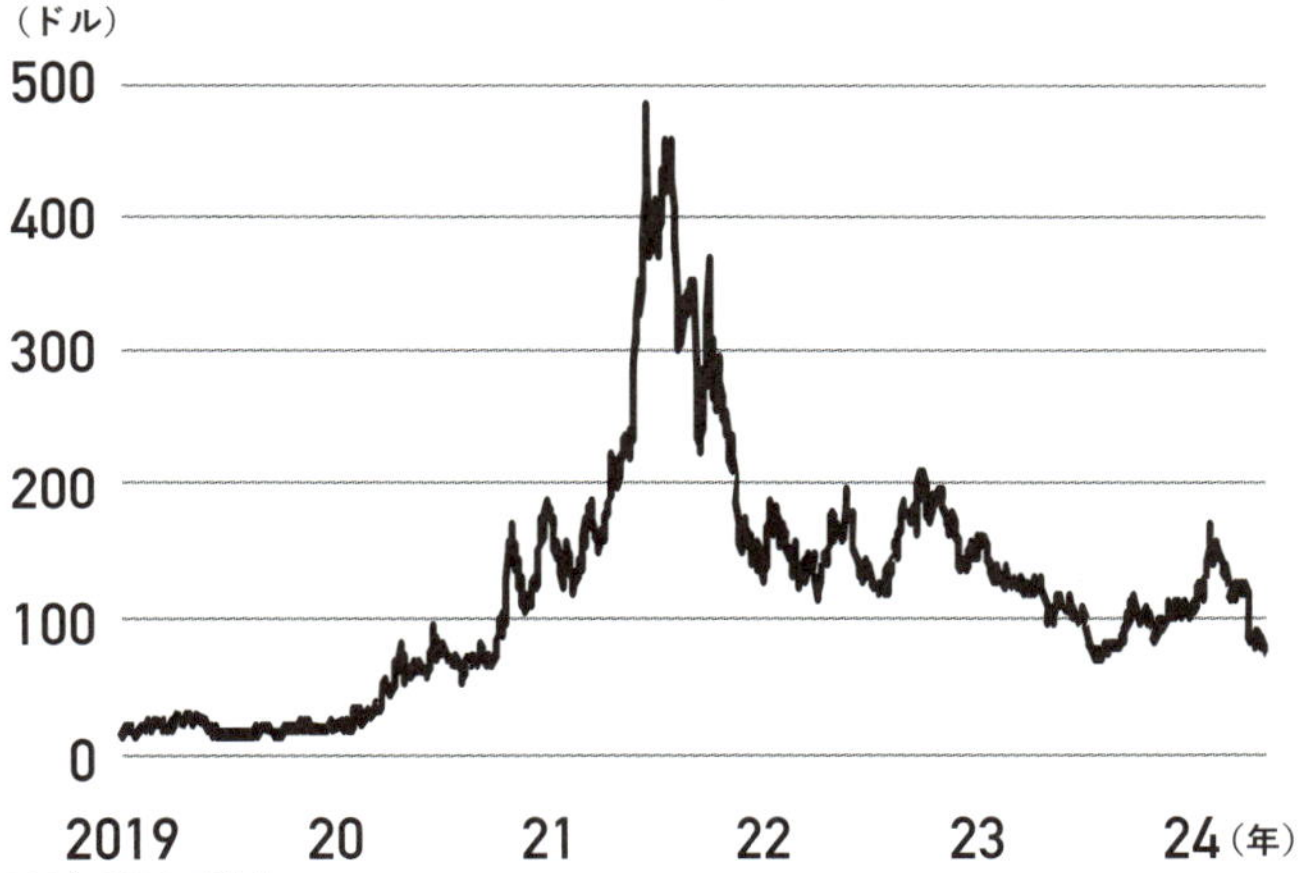

2024年9月4日時点

一方、ｍＲＮＡタイプでは即座に増産ができる。インフルエンザは毎年、変異系が出てくるため、即座に増産ができるメッセンジャーＲＮＡタイプの開発に期待が高まっている。

モデルナが持っている技術自体は素晴らしいものだ。また忘れたころにパンデミックが起こったり、がんの治療システムが確立したタイミングに再度、注目を浴びる可能性は大いにあるだろう。

HORIE'S CHOICE

4. 長年ユーザー
カドカワ（9468）

配当利回り（%）
1.1

PBR（倍）
1.87

PER（倍）
31.3

ROE（%）
5.79

第二章でサイバーセキュリティについて触れたときにも話題に上がった、KADOKAWAも買った。

投資に関する格言に「**人の行く裏に道あり花の山**」がある。

エヌビディアやテスラの株を買うのも悪くはないが、みんながこぞって「すごい！すごい！」と群れている時点で、その株価は上がってしまっている。むしろ「ダメだ」と思われているときの方が株価は下がっているし、自分なりの分析や知識からその企業への期待があればこそ、それは「買い」だ。業績が上がったり、期待感が増したりして周りが後から追随《ついずい》してくれれば、株価も上がる可能性がある。

カドカワ(9468)

事業内容 出版、映像、ゲーム、Webサービス、教育、MD、インバウンド関連などの幅広い事業を展開

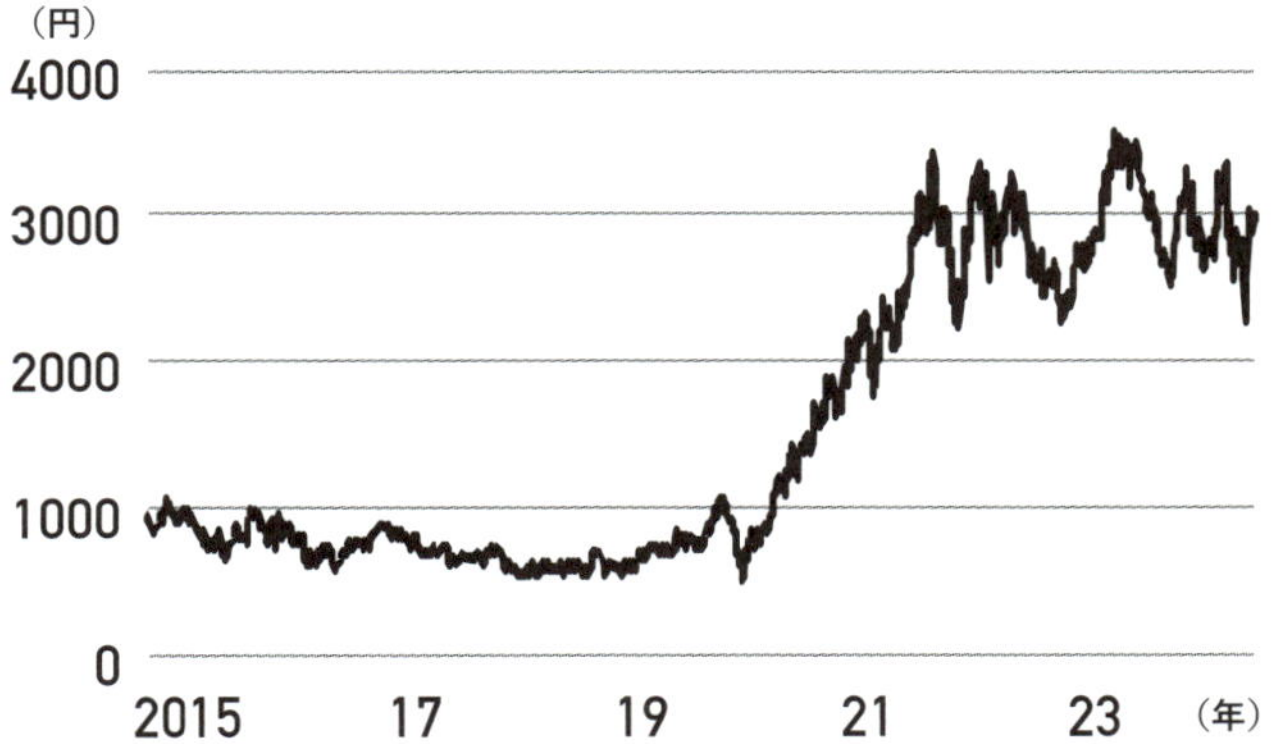

2024年9月6日時点

とにかくブームだから乗ろうとするのではなく、周りに流されることなく自分なりの視点から銘柄を選ぶのがいいだろう。

HORIE'S CHOICE

5. 検討中の銘柄……ネクスト・アップル?

エヌビディア(NVDA)

配当利回り(%)	PBR(倍)	PER(倍)	ROE(%)
-	35.36	51.1	91.46

本書内で何度も名前の挙がっているエヌビディアも注目銘柄だ。2024年6月にアップル、マイクロソフトを抜き、時価総額で世界1位の企業になった。新NISA制度でこの株を買っている人も多いだろう。

ただし、こうした人気銘柄は買いどきを決めるのが難しい。そもそも、「いつ買えばいいのか」と迷うほどの銘柄は、実は逆に「買い」のことが多い。これは単なる「順張り」というより、**「買わないこと」に対する「逆張り」**ととらえられる。

振り返ると、アップルの株は2014年の段階から「十分に高い」と言われ続けてきた。時価総額が100兆円を超えたときは、「さすがにこれ以上は上がらないだろう」という声もささやかれた。しかしどうだろう。いまでもアップルの株は上がり続けている。

エヌビディア（NVDA）

事業内容　半導体の中でも特にGPUの設計に特化

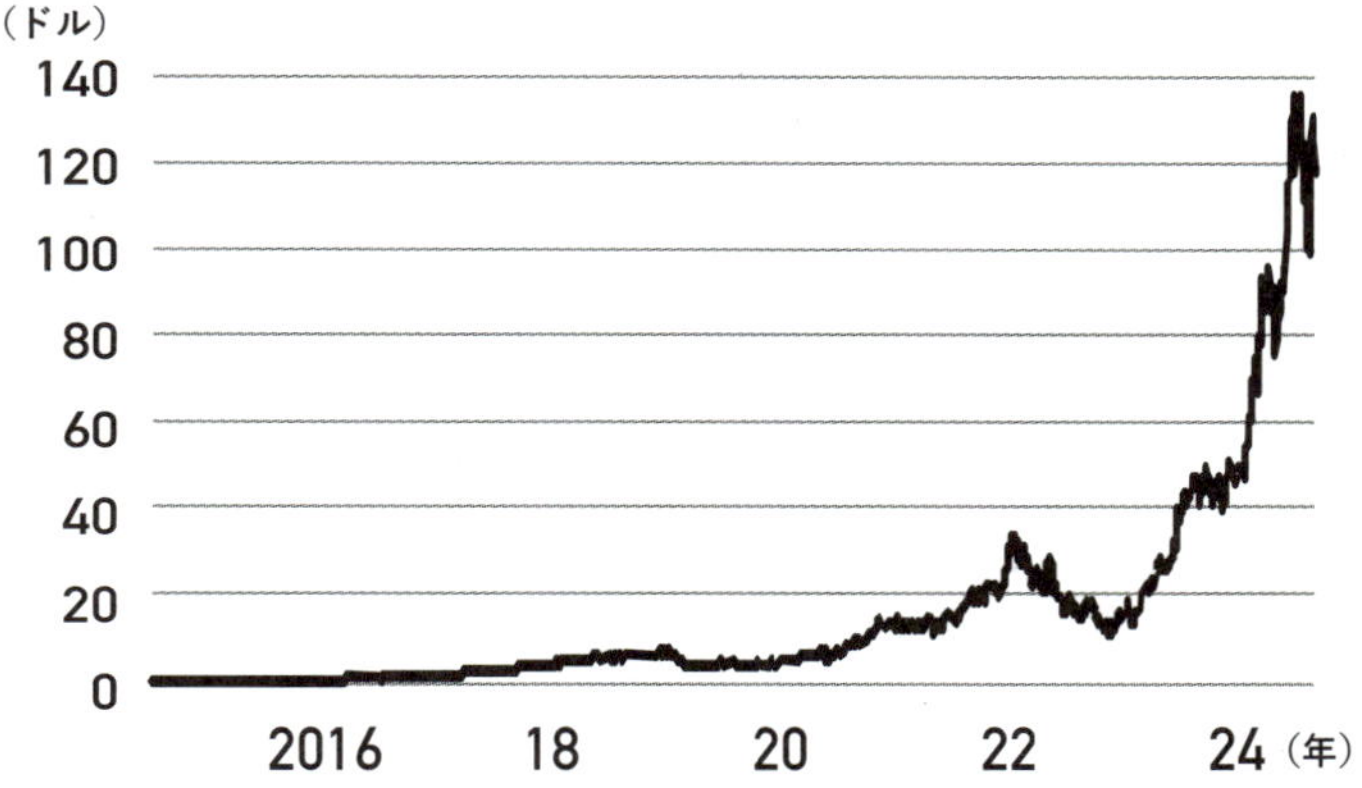

2024年9月4日時点

第二章で見た通り、いまのところエヌビディアには死角らしい死角は見つかっていない。長い時間をかけ、業界内でデファクトスタンダードの地位を築き、他社が容易に入り込めない構造的な競争力を強化してきた。今後もＡＩが進化を続け、社会に浸透するのと同時並行で、エヌビディアがさらなる成長を遂げる可能性は否定できない。

とはいえ、「じゃあエヌビディアの株価はこれから10倍になるのか？」といえば、懐疑的だ。だから僕は買うかもしれないし、買わないかもしれない。ただ、少しでも安定的に資産を増やしたいと思っている人にとっては、悪くない株だとは思う。

その後記録的な株価暴落…
めっちゃ下がったわ
ゲロッ
バタバタしてて自分の資産とか見てません
先のことはわかんないし投資は余裕資産で楽しめるくらいが一番だよね
その通りですね

第四章

株価に影響を与える情報とは?

いま、気になる企業の株価はいくらですか？
それは、なぜだと思いますか？

GOTO'S VIEW

投資でニュースが自分ごとになる

自分のお金を株式市場に投じると、ニュースの見えかたがガラリと変わることに気づくと思います。いろいろなニュースがつながって読めてくるうえ、自分自身の資産に関わるので、情報収集への意欲がグンと高まります。そうこうしているうちに、ニュースに接するのがどんどん楽しくなるはずです。

たとえば、ロシア・ウクライナ戦争が起こった際、エネルギーや穀物の価格が急騰しました。そんなとき、株価はもとより、電気代やパンの値段に影響することにもいち早く気づけたはずです。アメリカの大統領選や日銀総裁の発言が、為替や株価の動きに大きく影響することにも、フォローしやすくなるでしょう。

自分のお金を投じ、マーケットの動きをときおりでも追いかけていれば、経済、政治、海外、自然現象など、さまざまなニュースが有機的に結びついていきます。時事教養が身につくとともに、さまざまなアイデアがつながっていき、自分自身の仕事や生活にも役立つ機会が増えるでしょう。投資は資産形成に加え、知識や視点を増やしてくれるというのが大きな果実だと思います。

投資においては「虫の目」「鳥の目」「魚の目」と、複眼的な目線でマーケットを観察することが大切です。第三章で見たように個別企業の中身を分析することはもちろん（虫の目）、金融政策や物価など、マクロの要素も押さえる必要があります（鳥の目）。さらにいえば、ミクロとマクロに分けられない、マネーの流れや世の中の動向・雰囲気（魚の目）も読みたいところです。

この章では、景気や金融政策といった、投資になじみのない人が敬遠するトピックをなるべくハードルを下げて、導入的にお話ししたいと思います。

また、２０２４年8月5日に起きた日経平均株価の歴史的な急落（1日で４４５１円安、12・４％安）も取り上げます。株価に興味のなかった方でもニュースを見聞きした方は多いでしょう。最近投資をはじめた方はとても不安になったかもしれません。

この本の編集のタイミングとしては窮屈《きゅうくつ》だったのですが、最近耳にしたニュースをとっかかりにお話しするのは、みなさんの頭にも入りやすいと思います。編集者と議論を重ね、ページを割くことにしました。

4-1 株価に影響を与える経済指標やデータ

経済指標やニュース

GOTO'S VIEW

「景気」と「株価」に温度差が出るのはなぜ？

2024年の前半は「日経平均の最高値更新」のニュースが続きました。ただし、読者のみなさんの中には**「『日経平均が最高値更新』と聞いても、日常生活で景気が回復している感じはしない」**という感覚の方も少なくなかったのではないでしょうか。

結論から言うと、「株式市場で注目される日本企業」と「国民が体感する日本経済」は必ずしも一致しません。

日本株の「株高・株安」は、日本の株式市場の代表的な株価指数である「日経平均」や「TOPIX」の上下を見ながら評価されます。

「日経平均」とは、日本経済新聞社が選んだ東証のプライム市場225銘柄の平均株価のことです。また「TOPIX」は、東証プライム市場に上場している全銘柄の時価総額を合計し、指数化*したものです。

*1968年1月4日の時価総額を100としたときの数値。2023年4月末時点では2160銘柄で構成されている。

これらに代表される株価はさまざまな要因で動きますが、土台にあるのは「上場企業の利益」です。特に「将来、どれだけ稼ぎそうか」が大切です。景気が上向けば、企業も全体として儲かりやすくなります。そのため、景気は株価にとって重要な要素です。

しかし「景気が鈍くても、上場企業が稼ぐ」ことはありえますし、いまの日本はそれに近い構図になっています。

読者のみなさんの周囲に「上場企業」の社員はどれほどいるでしょうか？　実際、私自身もフリーランスですし、数年前まで勤めていた日経新聞社も非上場企業です。日本の事業者数は370万社ほどありますが、上場企業は4千社程度です。また日本の従業員は5800万人ほどですが、そのうち大企業（従業員300人以上）に勤めているのは15・7％のみです（令和3年経済センサス）。そこからさらに、上場企業をしぼりこむと、さらに一握りになります。

もし中小零細企業と上場企業とで景況感や賃金に差があれば、「国民生活の肌感覚」と「株価」が離れてもおかしくはありません。

日本の時価総額の首位はトヨタです。他にも上位は半導体製造装置の東京エレクトロンやキーエンス、ソニーなど、グローバル企業が多く並びます。そしてこういった銘柄が日本株の動きを左右しています。

第一章でも見たように、**日本の株価は「日本国内の景気」よりも「グローバル景気」に影響を受けやすいわけです。**

2024年は為替相場が乱高下しましたが、基本的に**「円安—日本株上昇」「円高**

―**日本株下落**」の関係があります。円安による値上げに困った人は多いと思いますが、輸出企業にとって円安は収益にプラスです。このため、円安に不満を持つ国民が多かったとしても、日本株は上昇しやすいわけです。

株式投資をしながら「鳥の目」でニュースを追っていくうえでは、ぜひこの点も頭に入れておくとよいかもしれません。

日本の株価が影響を受ける「グローバル景気」

「グローバル景気」といわれてもつかみどころがないかもしれません。ただ、その中心にある**アメリカ経済**を見ていれば、グローバル景気の流れがかなりわかります。

アメリカ経済はＧＤＰ（国内総生産）で世界最大で、株式市場における存在感も圧倒的です。ＧＡＦＡＭなどイノベーションを生み出す企業も数多くあります。世界経済の好不況の波はアメリカが起点となることも多くあります。

そのなかでも特に注目されるのが、毎月上旬の金曜に発表される米雇用統計です。

日本ではあまり注目されてこなかった雇用統計ですが、アメリカにおいて雇用は非常に重要なトピックです。**世界で最も注目される指標**ともいわれます。

なぜかというと、**雇用統計は速報性が高く、経済の変化を最も顕著かつスピーディに映し出す**からです。アメリカは日本と比べて転職が多く、解雇や採用の波が激しいため、雇用が経済の体温を如実に映す面があります。

そして、このあとで説明する金融政策にも大きく影響します。アメリカの利上げ・利下げを決めているＦＲＢ[*2]は**「雇用の最大化」**と**「物価の安定」**を目標に金融政策を運営しています。**雇用統計**や、毎月中旬に発表される**消費者物価指数（ＣＰＩ）**[*3]の内容を見て、投資家たちは今後の金融政策の行方を予想し、株や為替を取引しています。

＊2 Federal Reserve Board：連邦準備制度理事会。日本における「日銀」で、米国の中央銀行制度の最高意思決定機関。

＊3 CPI（Consumer Price Index：消費者物価指数）：ここ2〜3年、インフレ（物価上昇）に対する注目度が過去数十年には見られないほど高まっています。

こうした事情もあって米雇用統計は、トレーダーにとって月初恒例の一大イベントです。マーケットは「**人が人を呼ぶ**」、つまり「みんなが注目していれば、なおさら注目が集まる」ことがよくあります。雇用統計前は様子見気分が強まり、発表直後にはマーケットが乱高下することもしばしばあります。

このような注目指標は私のX（@goto_finance）で速報しているほか、ユーチューブ（「後藤達也・経済チャンネル」）でときどきライブ配信しています。いずれも無料なので、よければフォロー、チャンネル登録をしてみてください。

アメリカ金融政策のキホン

金融政策の解説だけで1冊を書いても足りないくらいですから、ここではごく簡単にアウトラインを説明します。

金融政策というのは金利を上げたり下げたりするものです。景気や物価を安定させ、国民が生活しやすいようにするというのが大きな意義です。景気に影響するだけでなく、世界のマネーの総量や投資家心理に影響するので、株価や為替も大きく反応することがしばしばあります。

そして、ＦＲＢの金融政策には２つの使命があります。「**物価の安定**」と「**雇用の最大化**」です。

①物価の安定

物価が極端に乱高下していると、将来設計もしづらいですし、企業も事業計画を立てづらくなります。ＦＲＢをはじめ、**多くの世界の中央銀行は「年２％」の物価上昇がほどよい**と見ており、その数値に近づくように利上げや利下げをしています。

２０２１‐２３ごろは記録的な物価高騰に見舞われたので、ＦＲＢは急激な利上げでインフレにブレーキをかけようとしてきました。

②雇用の最大化

失業をなるべく減らすこともＦＲＢの目標です。**失業を減らし**たいなら、なるべく**金利は低く**したほうがいいわけです。景気が刺激され、雇用が増えるためです。

２０２４年に入り、インフレは徐々に和らぎ、今度は景気や雇用に不安が出はじめました。ＦＲＢは２０２１‐２３年の利上げ局面から利下げ局面に移り、今後、金利を低下させていくと見られています（２０２４年９月時点）。

「雇用への配慮」（低金利）か「インフレ退治」（高金利）かはジレンマのように難しいものです。先ほどお伝えした雇用統計や消費者物価指数（ＣＰＩ）などを見ながら、ＦＲＢは判断を重ねています。

日銀も「為替や株価」を左右

日本の中央銀行、日銀のニュースも市場に大きく影響します。実際の利上げ・利下げはもちろんのこと、日銀や米ＦＲＢによる利上げ・利下げをめぐる発言・コミュニケーションにも注目が集まります。

２０２４年８月の株価急落や円急上昇は、日銀の植田和男《うえだかずお》総裁が利上げに積極的な姿勢を示したことが一因とされています。

日銀も2％の物価安定を目指しています。

日本はかつてデフレや低インフレが続いていました。2013～23年に日銀総裁を務めた黒田東彦《くろだはるひこ》氏は物価上昇率を高めるため、「バズーカ」と呼ばれる大規模な金融緩和を続けてきました。

黒田総裁の在任中、物価はなかなか上がりませんでしたが、2022年ごろから円安や海外の物価上昇を起点に日本でも急激に物価が上がりはじめました。人手不足や外国人観光客の増加も相まって、物価上昇が持続するとの見かたも増えています。

そうしたなか、2023年春に植田氏が日銀総裁になりました。2％の物価目標が徐々に展望しやすくなり、過去の金融緩和の手じまいを段階的に進めてきました。2024年3月にはマイナス金利を解除、7月には利上げを発表しました。

過度な物価上昇や円安を抑えるためには利上げを進める必要があります。ただ、利上げを急速に進めると、住宅ローン金利や企業の借入金利の急上昇にもつながりかねず、景気を冷やします。景気の先行き不安から株安につながることもあるわけです。

つまり、**「利上げしないと、値上げや円安が加速」「利上げすると、景気や株価に逆風」**という難しいジレンマがあります。そのなかで、総合的にバランスのいい金融政策の運営を日銀も悩みながら判断を重ねています。

2024年8月に株価が急落した直後、日銀の内田《うちだ》眞一《しんいち》副総裁は「金融資本市場が不安定な状況で利上げすることはない」と話しました。日銀にとって「2％の物価安定目標」は大切ですが、かといって景気や株価がひどい状況になっていいわけではありません。景気や金融情勢にも目配りしながら、難しい政策運営を担っているのはFRBと同じです。

金融政策は日銀が決めますが、日銀は政府とも緊密に連絡をとっています。政治家のいいなりになるわけではありませんが、国民の経済に大きな影響をおよぼすわけですし、政府の経済政策とも重なる領域は多いため、連絡は大切です。このことは日銀法でも定められています。総理大臣と日銀総裁は、年に数回面会します。

日銀総裁や副総裁の任期は5年です。国会同意人事といって衆参両院の同意が必要ですが、ねじれ国会でもないかぎり、事実上は政府、とりわけ総理大臣の意向によって決まります。総理大臣や側近から日銀に関する発言が注目されるのもこのためです。

GOTO'S VIEW

2024年夏のショック

これまでの話も踏まえ、２０２４年夏の株価暴落を振り返ってみましょう。

従来、アメリカで景気不安があると、それに伴うアメリカの利下げ期待があったため、株高につながっていました（図表32上部）。雇用統計で雇用者数が市場予想を下回れば「景気の悪さ」を指し示すため、通常であれば株安になってもおかしくありません。それにもかかわらず、「景気が悪いということは、利下げになって株高だ」という**楽観的な構図**が見られることも多かったのです。

ところが２０２４年には、景気不安が株安につながる動きが見られるようになりました。「アメリカの利下げ期待」という「楽観的なとらえかた」よりも、**企業業績と**

図表32. アメリカの景気不安と株高・株安の構図（一例）

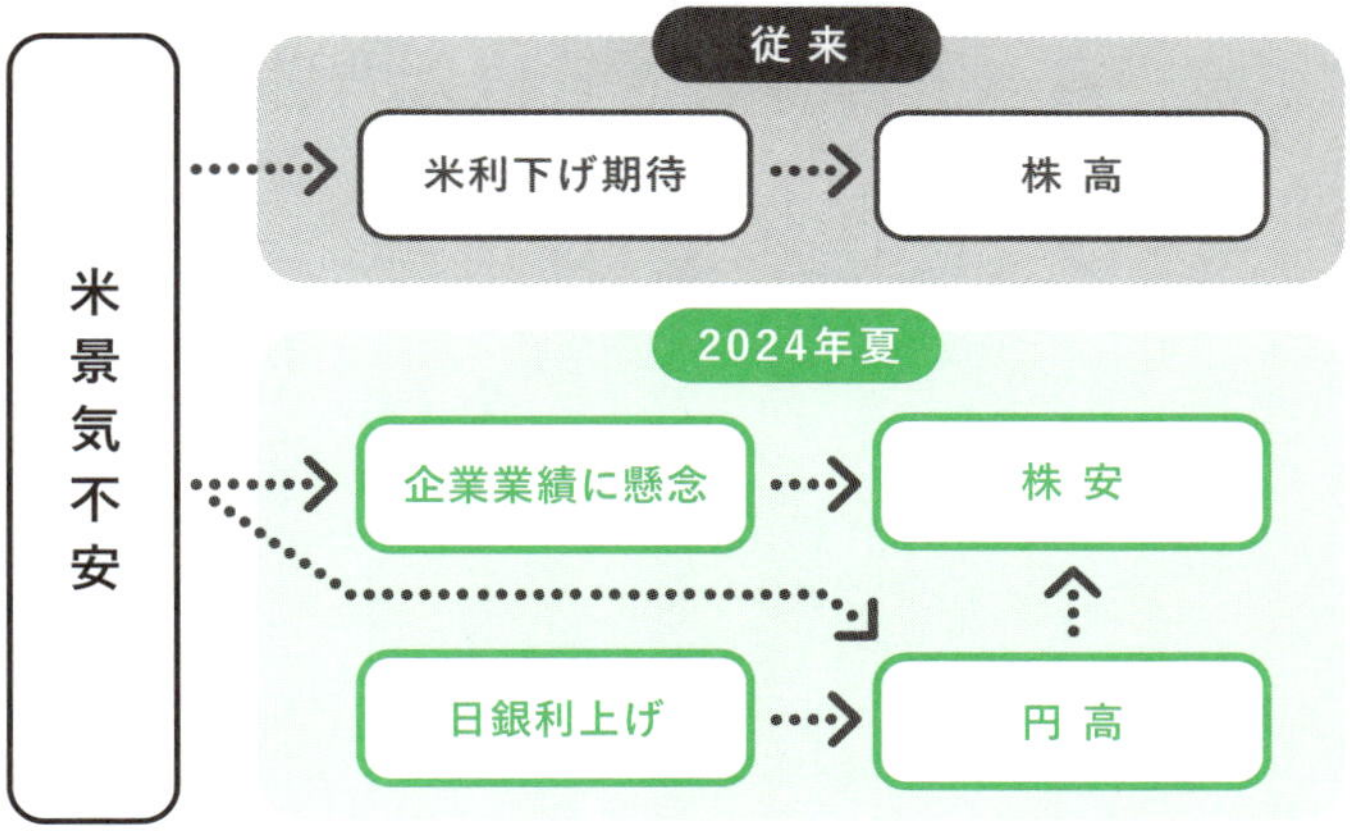

いう懸念に注目が集まるようになったのです。

景気の悪化により失業者が増加したり、個人消費が弱くなったりすると、当然ながらアイフォンの販売台数が伸び悩むかもしれないし、エヌビディアの半導体の需要の減少につながるかもしれない、というわけです。

つまり、**景気不安は株高につながることも、株安の構図へつながることもある**のです。

2024年夏の日経平均急落の背景には、「日銀の利上げ」が要因として1つ挙げられます（図表32左下）。

金利が上がると、お金が借りづらくなり、景気にブレーキがかかるので、景気が悪化する。景気が悪化すると、株価も下がる。「利上げ↓景気悪化↓株安」のイメージがある人も多いと思います。

また、輸出企業の多い日本株にとって、**円高は株安につながりやすい傾向**にあります。同時に起きた円高の要因にも日銀の利上げがあるわけですが、同図表の一番左にあるアメリカの景気不安がやはり効いています。

日本の長期金利が下がっている要因に挙げられるのが、アメリカの景気の悪さでしょう。日本と同様、アメリカの長期金利も大きく下がっています。世界の金利はお互いに影響を与えやすいため、世界的に景気が良いときは、アメリカも日本も金利が上がりやすいのです。逆もまたしかりです。

4-2 2024年夏の株価暴落に学ぶメンタルチェック

周囲のリアクションをどう見るか

HORIE'S VIEW

株は売らなければ「損」しないのに、なぜ売るのか？

株は、売らなければ損は確定しない。株価が戻るまで待っていればいいだけだ。それなのに、株価の暴落の背景で、なぜ「売り、売り」の流れが止まらなくなるのか？素朴な疑問を持つ人も多いだろう。

もちろんなかには、ただ状況にうろたえ、「売り」に付和雷同しているだけの人も多い。

一方、自分の意思とは関係なく、売りを強制させられる場合がある。それは株式を担保に融資を受ける、いわゆる**「信用取引」**をしている人たちだ。

もちろん市場が順調に推移し、全体として株価が上がっているなら信用取引に問題は発生しない。

しかし株価の暴落が起きると、「追証《おいしょう》」（追加証拠金）が発生することがある。追証は担保額が20％を切ると発生し、追証を払えないと強制的に株が売られ、損が確定してしまう。強制的に株が処分されることで、さらに株価が下がる連鎖反応が起こるわけだ。近年、こうした状況で火に油を注ぐのがＳＮＳである。ＳＮＳに阿鼻叫喚《あびきょうかん》が広がることで、さらに「売り」に拍車がかかる。

ただし、本書でくり返し述べているように、いまこの瞬間の株価だけを切り出して、評価することに意味はない。長いスパンで向き合う必要がある。

第一章の冒頭で、「最強の投資家は死人である」と書いたのを覚えているだろうか？

普通の人が、**株で勝つためのほとんど唯一といってもいい方法は長期投資だ。**余裕資金で投資を行い、余裕を持ってじっくりと待つ。長い時間軸のなかで投資をやっていれば、24年8月のような株安・暴落は起こる。それでもより俯瞰《ふかん》した視野から見れば、世界の富を生み出す源泉であるイノベーションは今後も加速していくだろう。

GOTO'S VIEW

信用買いが「良くない」理由

２０２４年8月上旬の株価急落は堀江さんの言うように、信用買いで「追証」が影響した面が小さくありません。

「信用買い」とは投資家が証券会社からお金を借りて、原資を膨らまし、株を買う取引です（図表33）。

たとえば、１００万円の元手でも、３００万円の株を買うことができ、通常の株取引より大きな利益を手にするチャンスが広がります。逆に大きく損するリスクも高まります。小さなお金で大きな動きができるため、**「レバレッジ（てこの原理）」**とも呼ばれます。

図表33. 信用買い

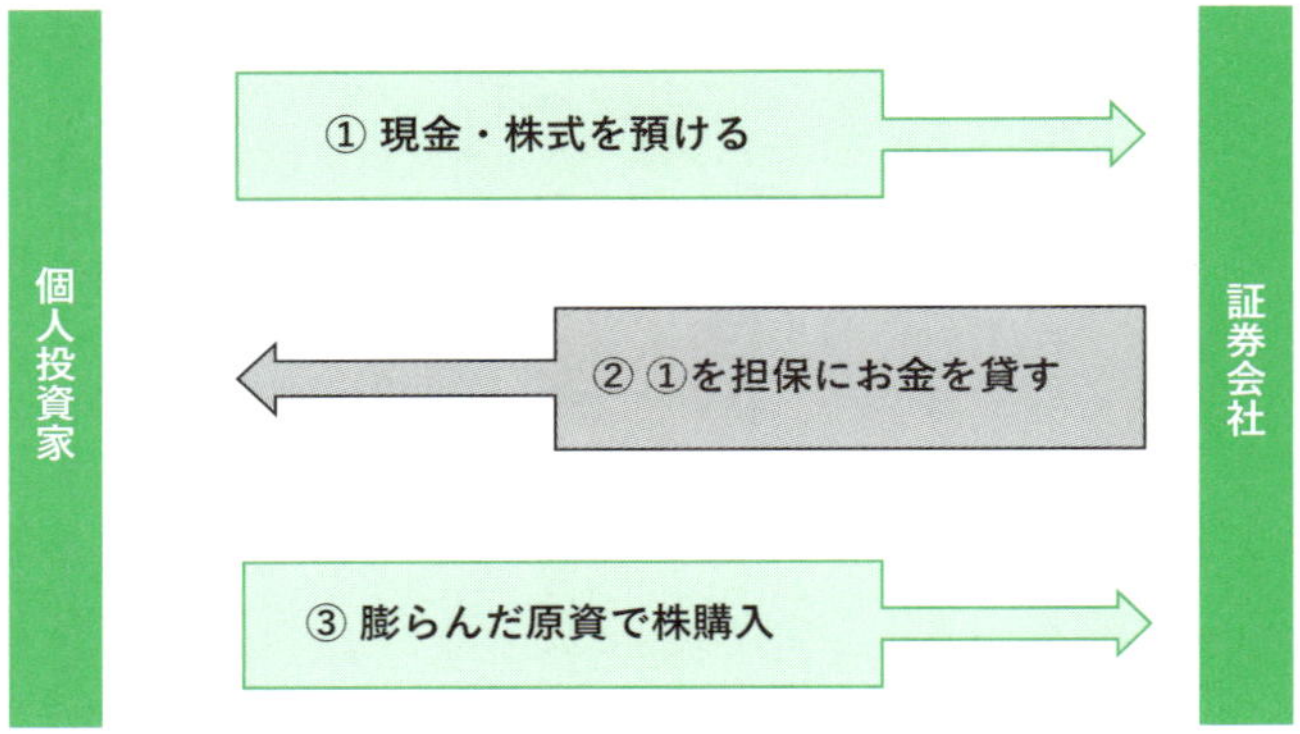

１００万円の現金を担保に、証券会社から２００万円を借り、計３００万円分の株を買ったとします。そして、幸い株価が20％上がったとしましょう。３００万円の株は３６０万円に値上がり、差し引き60万円の利益となります。借入は２００万円のままですから、元手が１００万円→１６０万円に増えます。

株価上昇率は20％ですが、あなたの資産は１００万円→１６０万円、つまり60％も上がったことになります。購入額を「3倍」にしたので、利益も「3倍」です。

元手が１６０万円に膨らんだので、強気な人なら「さらに１００万円借りて、株を買い増す」ことも可能です。こうした取引はリスクがとても高いですが、株価が右肩上がりで続けば、資産もものすごい勢いで増えていきます。

しかし、そんないい話ばかりではありません。今度は株安になったとします。20％の株安でも、元手は１００万円↓40万円へと60％も減ってしまいます。

そしてここで重要なのが、信用買いは「お金を借りている」ということです。

もともと証券会社は１００万円を担保に２００万円を貸していました。ところが担保価値が「40万円」にまで減ってしまうと、２００万円も貸していると回収できなくなる恐れがあります。

このため、証券会社は「担保が足りないので、いそいで現金を追加で差し出してください！　差し出せなければ、この株を強制的に売ります」と警告してきます。これが「追証」です。

どれくらい下がると追証が出るかは、証券会社によります。信用買いで持っている株の価値に対して、担保価値が20％を下回ると発動する例が多いです。

すぐに追加の証拠金を差し出せれば、株を投げ売りしなくてもすみます。

しかし余裕資金がほとんどなく、追証に対応できなければ、有無をいわさず株は売られてしまいます。「あと1カ月待てば株価は上がるから…」「あと2週間待ってくれれば給料が入るので、そのときには担保を出すので…」といっても待ってくれません。

信用取引は使いかたによっては便利ではありますが、身の丈以上のリスクをとってしまうと、売りたくないタイミングで売らされ、大きな損失をこうむることがあります。

ＦＸ（外為証拠金取引）や日経平均先物なども、資金を膨らませる点では信用買いと共通しています。こうしたレバレッジ取引を一概に否定はしませんが、十分にしくみを理解し、リスク管理ができる状況になければ、取引しないことをオススメします。

GOTO'S VIEW

ＳＮＳが不安を増幅

２０２４年８月５日の株価急落は「売りが売りを呼んだ」面があります。

先ほど説明したように「追証」が発生した人が株を投げ売りすると、その株価は下がりやすくなります。そうすると、別の人に「追証」が発生し、ドミノ倒し的に投げ売りと株安が連鎖してしまうわけです。

堀江さんも動画で取り上げていましたが、今回の株安はＳＮＳが不安を増幅させた面もあると指摘されます。「ブラックマンデー以来」「史上最大の下げ」といった言葉がＳＮＳにも躍《おど》り、不安を感じた人が慌てて売った可能性があるのです。

ここ数年で株取引をはじめた人も多いため、経験したことのない不安を感じた人も多かったかもしれません。

実は２０２３年春にはアメリカでシリコンバレーバンクという銀行が破綻《はたん》しました。あるときこの銀行の経営不安が強まり、ＳＮＳ上で短時間のうちに一気に拡散されました。その結果、大口預金を持っていた取引先が慌てて引き出す動きが相次ぎ、実際に破綻につながってしまったわけです。ＳＮＳはこうした不安も、逆にブームも、短時間で増幅してしまう影響力をもっています。これは十数年前にはなかった構図といえます。

GOTO'S VIEW

Ｘやユーチューブの「断言」には要注意

Ｘやユーチューブではわかりやすいフレーズが躍りがちです。たとえば、「２０２５年の日本経済はこうなる」「ＡＩで上昇する5銘柄」といった言葉です。ただ、**経済や株価がどうなるか正確に予測することは、経済学者であろうが著名投資家であろうが不可能です。**

ＡＩをとってみても、これから1年後にどんなアプリやサービスが世界で注目されているか、誰にも正確にわかりません。経済全体は「さまざまな企業の努力」や「消費者のお金の使いかた」の総合的な組み合わせです。予測はますます難しくなっていくといえます。

ユーチューブは多くの人に注目され、再生回数が伸びれば、広告収入が増えます。「Ａの可能性が高いが、Ｂのリスクはあるし、Ｃにも要注意」といった慎重な発信よりも、

「上昇する3銘柄」のようにシンプルで断言する動画のほうが再生回数が多くなります。

マーケットは一人の人間が断言できるほど単純なものではありません。再生回数を稼ぐために、サムネイルを大げさに作ったり、かたよった内容を発信したりする人も少なくないようです。少し前と話していることがガラリと変わる人もいます。

初心者のうちは、フォロワー数や登録者数の多い人が断言していると、信ぴょう性があるように思うかもしれませんが、**フォロワー数の多さは内容の信ぴょう性と比例するとはかぎりません。**

そうした動画に良いものもあるかもしれませんが、特に「断言」系の情報発信には距離を置く姿勢も大切です。

GOTO'S VIEW

テレビや新聞も「中立」とはかぎらない

「テレビや新聞なら、中立的にきちんと伝えているのでは」と思う人もいると思います。ＳＮＳと比べると信ぴょう性は高いと思いますが、メディアもしばしば大げさに伝えることがあります。

図表34. 日経平均の下落率ランキング

	日付	終値	下落率	下落幅
1	1987年10月20日	21,910円	-14.90%	-3,836円
2	2024年8月5日	31,458円	-12.40%	-4,451円
3	2008年10月16日	8,458円	-11.41%	-1,089円
4	2011年3月15日	8,605円	-10.55%	-1,015円
5	1953年3月5日	340円	-10.00%	-37円
6	2008年10月10日	8,276円	-9.62%	-881円
7	2008年10月24日	7,649円	-9.60%	-811円
8	2008年10月8日	9,203円	-9.38%	-952円
9	1970年4月30日	2,114円	-8.69%	-201円
10	1953年3月30日	318円	-8.46%	-29円

2024年9月6日時点
資料：Youtube『後藤達也・経済チャンネル』をもとにNewsPicks作成

たとえば、2024年8月5日の日経平均株価の急落は「史上最大」と伝えられました。歴史的な急落だったのは間違いありませんが、史上最大だったのは「4451円安」という「下落幅」です。「下落率」で見ると、1987年10月20日のブラックマンデーのほうが大きかったのです（図表34）。

ただ、「ブラックマンデー以来の下落率」と「史上最大の下落」だと、後者のほうが見出しにインパクトがあります。テレビも新聞もネットメディアも、見出しで関心を集めることに日々努力しています。このため、「大げさ」に伝えようとするバイアスがかかりやすい点には要注意です。

1カ月単位で見れば、2008年のリーマンショック[*4]のほうがはるかに壊滅的な株安でした。2008年は、株価の下落率ランキングトップ10に4回入っています。

＊4 リーマンショックとは、2008年9月15日に起きた米投資銀行リーマン・ブラザーズの経営破綻を機に、世界的な金融危機と不況に発展した現象のこと。巨大金融機関への救済措置がとられなかったことで市場参加者に不安が広がり、企業にお金が出回らなくなる信用収縮が深刻化した。（出典：日経新聞2023年9月16日「きょうのことば」）

2008年は本当に厳しい相場でした。リーマンショックは単に株価が暴落したのではなく、金融システムの危機がグローバル全体で起こったのです。銀行がバタバタとつぶれ、銀行同士の資金の受け渡しもできなくなりました。企業の破綻も連鎖するような深刻な経済危機だったのです。

2024年8月5日の株価急落は1日の動きとしては記録的でした。ただその後のリバウンドも大きく、8月の月間で見ると、日経平均は1％ほどの下落にとどまったわけです。ところが、２０２４年8月は「史上最大の下落」と報じたあと、「株価はかなり落ち着いて、月間では小幅安だった」と丁寧に続報するメディアはかなり少数です。それぞれの数字が事実だとしても、どの情報を切りとって、どのように伝えるかで印象はかなり変わります。

メディアの報道はＳＮＳより信頼性が高いと考えていいと思いますが、メディアにもやはりクセがあります。できるだけ多くの情報源に接するとともに、自分自身の目でデータや発表などの一次資料にあたることが大切です。

GOTO'S VIEW

金融業界の人は「株高予想」が多い

証券会社や運用会社にはアナリストやストラテジストと呼ばれる人がいます。メディアで株価や企業業績の見通しを語ったり、株価のサイトやレポートなどで「買い」や「売り」を推奨しています。

ただ、アナリストの予想は「買い」「株高」にかたよる傾向があります。

たとえば、小売業界を担当しているアナリストが「日本の小売業界は全体的に萎《しぼ》んでいく」などとはなかなかいえません。「だったらなぜ小売業界を担当しているんだ」とツッコミが入ってしまいますし、そんなことばかりいっていたら企業への取材も受け入れてもらえなくなってしまうでしょう。

日本株や米国株全体の見通しを語る人も「強気」の人が多い傾向があります。その背景には証券会社のビジネスモデルがあります。「これから下がる」といえば、株を買いたい人は減ってしまいます。証券会社や運用会社に所属している人は会社員なので、会社の利益に反することはなかなか発信しづらいのです。なかにはそれでも株安を予想する人はいますが、いつの時代でも少数派だと思います。

また資産形成をアドバイスする人も、銀行や運用会社、保険会社などから報酬をもらっている場合があります。そうすると、国民の利益よりも、取引先との関係性を重視する場合があります。たとえば、手数料の高い投資信託や保険を宣伝することもありえるわけです。

発信している人がどういう人なのか、その人がどうやって稼ぎを得ているのか、思いを巡らしたうえで、少し距離を置いて発信を評価することも大切です。

株価が上下するときのメンタルの保ちかた

HORIE'S VIEW

お金に目がいきすぎていないか

新ＮＩＳＡ制度をきっかけに株をはじめたばかりの人は、株価の乱高下を目の当たりにし、恐怖を覚えたかもしれない。ただし歴史を振り返れば、株の暴落はよくあることだ。相場に一喜一憂していると、仕事にも勉強にも身が入らない。精神的な負担にもなるだろう。もし現物株[*5]しか持っていないのであれば、ＰＣやスマホのアプリは閉じて、投資をした株のことは忘れたほうがいい。信用取引やＦＸをやっている人は株価が下がると気が気でないかもしれないが、それは株式投資の名を借りたギャンブル、つまり博打に近いことをやっているのだと自覚したほうがいい。

＊5　市場の時価で売買した通常の株式のこと。信用（レバレッジ）取引や先物取引、オプション取引で保有する株式などと区別する際に使われる言葉。

そもそも、不安だからといってお金にしか目がいかないのは考えものだ。僕はライブドアの影響で保有資産がガクンと減ってしまったが、その当時であっても不幸せだなんて1ミリも感じなかった。

不安を投資や貯金で穴埋めしようとしたり、株式市場の動きやネットの声にどっぷりつかっているとつい忘れてしまいがちだが、株価が多少上がり下がりしたところで、世の中の大半の人は「いたって普通の日常」を送っている。人と食事をしたり、スマホやPCから離れ、家事や運動をして身体を動かしたりしてみれば、数字の上下に一喜一憂している視界のせまさにはたと気づくだろう。

GOTO'S VIEW

自分自身のリスク許容度

堀江さんのお話にはとても同感します。お金や資産形成の話をしていているのに矛盾するように聞こえるかもしれませんが、**お金に自分の心や時間を奪われすぎないこ**

とも大切です。

お金や株価が気になって、常にスマホをチェックしてしまったり、一喜一憂ばかりしていると、仕事や家庭、趣味の時間が奪われます。イライラする時間が増えたり、睡眠時間が減ったりすると、健康にも悪影響です。その状況で仮に年間で利益がでたとしても、豊かな人生とはいいづらいでしょう。もし、年間で損失になれば、なおさらです。

数十年後の資産形成という観点で長期投資をしている人であれば、日々変化する状況の変化には気にすることなく、淡々と続けていけばいいと思います。積立投資をコツコツ続けたり、自分の余裕資金の中で投資ができていれば、株価の上下は、自分自身のリスク許容度を見るきっかけにさえなります。

株価が上昇しているなかで、「もっと持っていてもいいかな」「損してもせいぜいこれぐらいだろう」と楽観的にとらえられるなら、あなたは**自身の適切なリスク許容度の範囲内**で投資を行えているという証《あかし》でしょう。

逆に、短期的な欲が出て頻繁に売買をしたり、リスクをとりすぎたりしているなら、反省するきっかけにしましょう。想定外の打撃を受け、経済的にも精神的にもかなりきつくなるのであれば、過剰にリスクをとっている証拠です。相場との向き合いかたを見直す必要があるでしょう。

「学習の機会」というと他人事のように聞こえるかもしれません。しかし投資はそもそも「今月儲ける」「1億円ほしい」といった投機的な性質のものというより、何十年という長いスパンで老後の余裕を生み出すことを目的にすることを、改めてオススメしたいと思います。

株式市場は予期せぬ変化で驚かされることもあります。そうした環境変化と向き合いながら、人生におけるお金の役割を考え、お金とのほどよい距離感を見つめ直すのは「豊かな日々の暮らし」を探るきっかけにもなると思います。

SUMMARY

第四章　まとめ

- □ 株価と景気にはズレがあることがある。**「日経平均」や「TOPIX」は上場企業の利益に影響されるが、国内景気よりもグローバル景気の影響を受けやすい。**特に米国経済や金利政策が株価に大きな影響を与える。
- □ 株価暴落時には「信用（レバレッジ）取引」による追証が強制売却を引き起こし、連鎖的な株安を招くことがある。
- □ SNSは市場の不安を増幅させ、株価の急落を助長することがある。**「断言」的な発言には注意が必要。**また、メディアや金融業界の予測にもバイアスがかかる。情報は多角的に確認し、自分でデータを評価することが重要。
- □ 株価の上下に一喜一憂しない。投資スタンスとリスク許容度を見直し、日常生活を大切にする。

第五章

人生に活きる「投資を成功させる」5つのポイント

どんな「未来」を過ごしたいですか？

1. 相対的な未来＝「いま」を見抜く思考法

HORIE'S VIEW

「いま」を見れないから、陰謀論やデマを信じてしまう

株式投資にかかわらず、ビジネス全般において僕が何よりも重視しているのは、世の中の大きな流れを読むということだ。それは「未来予測」という意味ではなく、「いまを見る」ということだ。

インターネットのおかげで情報格差がなくなり、原理的には誰でも平等に情報へアクセスできるようになった。それでも当然、**その情報を受けとったり、処理して判断するための教養や能力には差がある。この差によって、相対的な未来を見られる人と見られない人に分かれる。**僕の場合、相対的な未来とは「いま」のことである。だから、未来予測の話をしているわけではない。

図表35. 人口ピラミッド(1980年(左)と2020年(右))

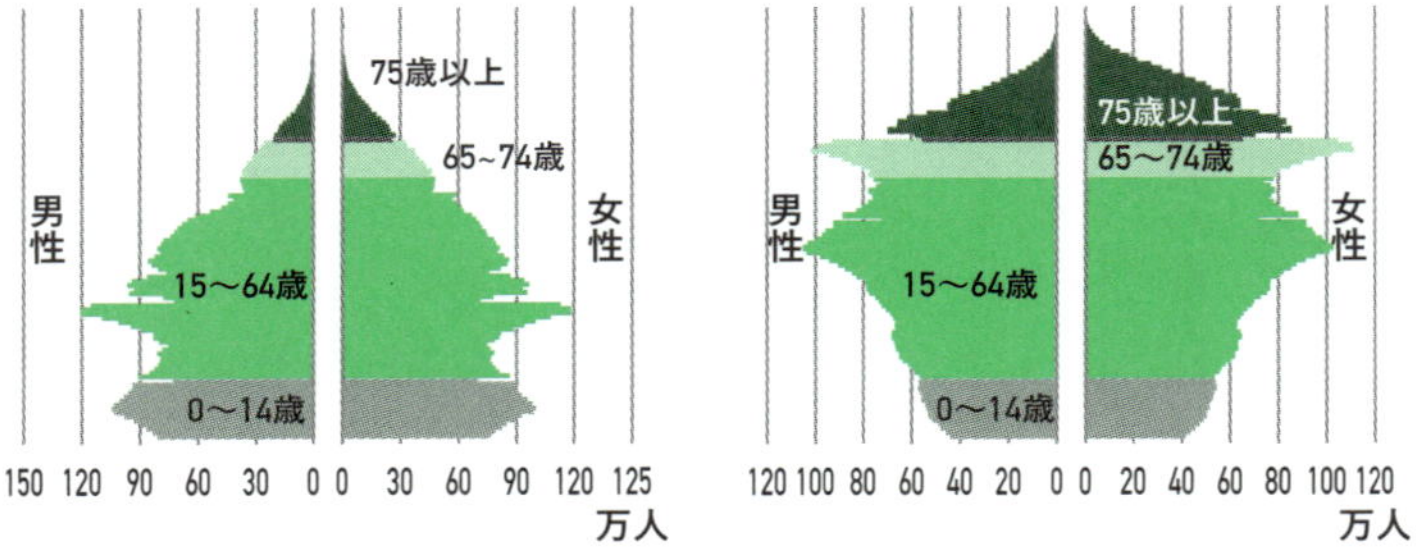

資料:国立社会保障・人口問題研究所(人口ピラミッドデータ(総務省統計局『国勢調査』及び『日本の将来推計人口(平成29年推計)』出生中位・死亡中位仮定による))よりNewsPicks作成

「いま」が見えていなかったり、信じられない人との間には情報格差が広がっていく。だから、詐欺広告にだまされるし、陰謀論を信じてしまう。「ホリエモンは自民党にすり寄っている」「あいつはワクチン会社からお金をもらい、ワクチンを推進している」といった根も葉もないデマを信じてしまう。世の中で優秀とされる人でも、表面上のニュースは見ても、明らかな真実から目を背けることがある。

たとえば、図表35の人口ピラミッドを見てほしい。僕が子どものころは、日本の人口ピラミッドはわりと綺麗な富士山のような形をしていた。ところが、現在の人口ピラミッドはいびつな形に変わってしまっている。しかし、こうした変化は40年前から予見されていたことだった。

僕らは第二次ベビーブームによる団塊ジュニアと呼ばれる。僕らの世代が、第一次ベビーブームの団塊世代である親たちと同じだけの勢いで子どもを作るわけがないこと、晩婚化が進むことは体感としてわかる。出生率が下がるのだから移民を受け入れるしかないのに、当面そんな政策が受け入れられることがないことも予想できる。

投資でいえば、そこから何が導かれるだろうか？　どんな領域にポテンシャルがあるだろうか？　詳しくは第二章で語ったとおりだ。

こうした時代の状況に直面し、本来は生きかたもアップデートしていかなければならない。

進化は一直線ではなく、非連続に起きる

テクノロジーの未来を考えるうえでは、進化がリニア（直線的）に起きるのではなく、非連続で起きることを念頭に置いておきたい。多くの人は「生成ＡＩはどうやって普及しますか」とか「1年後にどうなりますか」と聞いてくるが、何年後かを正確に予想することなんて誰もできない。破壊的イノベーションが起きることはわかるが、それがいつ起きるかはわからない。地震はいつか起きるが、いつどこで地震が起きるのかを予想するのができないのと同じことだ。

インターネットがスマホやＳＮＳの登場によって階段的に広がっていったのと同様に、ディープラーニングがＡＩに破壊的イノベーションをもたらし、最近ではChatGPTをはじめとした生成ＡＩがさらなる次元へ進化をもたらそうとしている。くり返しになるが、**非連続的な進化がいつ起きるかを予見することはできない。ただ、「起きる」。それしかわからないのだ。**

「未来予測」はできないが、「いま」をじっくりとらえれば、世の中の大きな流れがつかめる。誰とどんな仕事をするか、どこに投資するか、視野を広げて見てみよう。僕や後藤さんに答えを聞かなくても、いまから自分でできる。人生に「遅い」ということはない。

GOTO'S VIEW

投資は「いま」の解像度を高める

堀江さんの書くように、10年後の世界を正確に予測するなんて、無茶です。仮に出てきた予測を前提に、いまから準備にとりかかっても、それが後で奏功するとはかぎりません。

企業はよく中期経営計画といって、今後3年や5年の経営課題や方針、数値目標を定めることがあります。全否定するつもりはありませんが、中期経営計画はいまみえている景色から、定規で線を伸ばすように計画を立てるのが一般的です。しかし、イノベーションの速度がものすごく速い時代において、3年後や5年後は前提ががらりと変わっている可能性があります。

このことは個人にも当てはまります。

10年後、20年後の世界が激変しているなかで、自分のキャリアについて詳細な「中期経営計画」を立てても、勤めている会社のビジネスモデルも劇的に変わるかもしれません。転職や独立しているかもしれません。

私自身、いまのようにｎｏｔｅやユーチューブ、Ｘなどで情報発信し、テレビ東京のＷＢＳにレギュラー出演し、堀江さんと書籍を出すことになるなんて、5年前には０・０００01％も考えていませんでした。

２０２4年春に日本経済新聞社を退職してから、そのときどきの社会の動きやＳＮＳなどのツール、お客さんの反応を見ながら、なんども試行錯誤を繰り返してきた結果です。

3年後にはどうなっているのかわかりません。ですから、私自身は「中期経営計画」をたてずに、そのときどきの世の中や人々、テクノロジーの変化にアンテナを広げ、そのときどきで、価値のあることにリソースを割いていこうと思っています。そのために様々な人と接するようにして、日々自分の価値観をアップデートできるように努力しています。

その点で、**投資は「いま」の解像度を高められるとても実践的な場です。**

世界中の英知が参加しています。「これが今後有望だ」といわれていたテクノロジーも一気に評価が下がることもあります。株式市場の様々な数値は複雑な「いま」がいろんなかたちで映し出されているわけです。

「そんなことが起きはじめているのか」「いままで通用していたこの発想はもう役に立たないかもしれない」。株式市場ではそんな出会いが日々あります。そして、そんな刺激こそが、みなさんの知的好奇心や発想力、行動力を高めていくと思います。

2. ポテンシャルを信じる

HORIE'S VIEW

逆張りも怖くない

僕は昔から「ホリエモンはいつも逆張りだよね」といわれ続けてきた。もちろん僕だって順張りをすることはあるが、基本的に儲かるのは逆張りのほうだ。そして順張りをしていても、何も話題にならない。

たとえば、株価が下がり基調の企業の１つに、再生医療事業を展開するセルソースがある（図表36）。セルソースはもともと美容クリニックが経営母体であり、次世代の再生医療の原料となるエクソソーム（細胞から分泌される直径50～１５０ナノメートルの顆粒状の物質）を売っている。エクソソームは脂肪由来幹細胞、歯髄《しずい》幹細胞、臍帯血《さいたいけつ》由来細胞など、さまざまな種類がある。なかでも、美容クリニックへ脂肪吸引

図表36. セルソース（4880）の株価

配当利回り（%）	PBR（倍）	PER（倍）	ROE（%）
1.1	5.68	38.2	18.48

事業内容　脂肪由来の細胞抽出・加工受託サービスなどを行い
抽出された細胞は再生医療などに活用

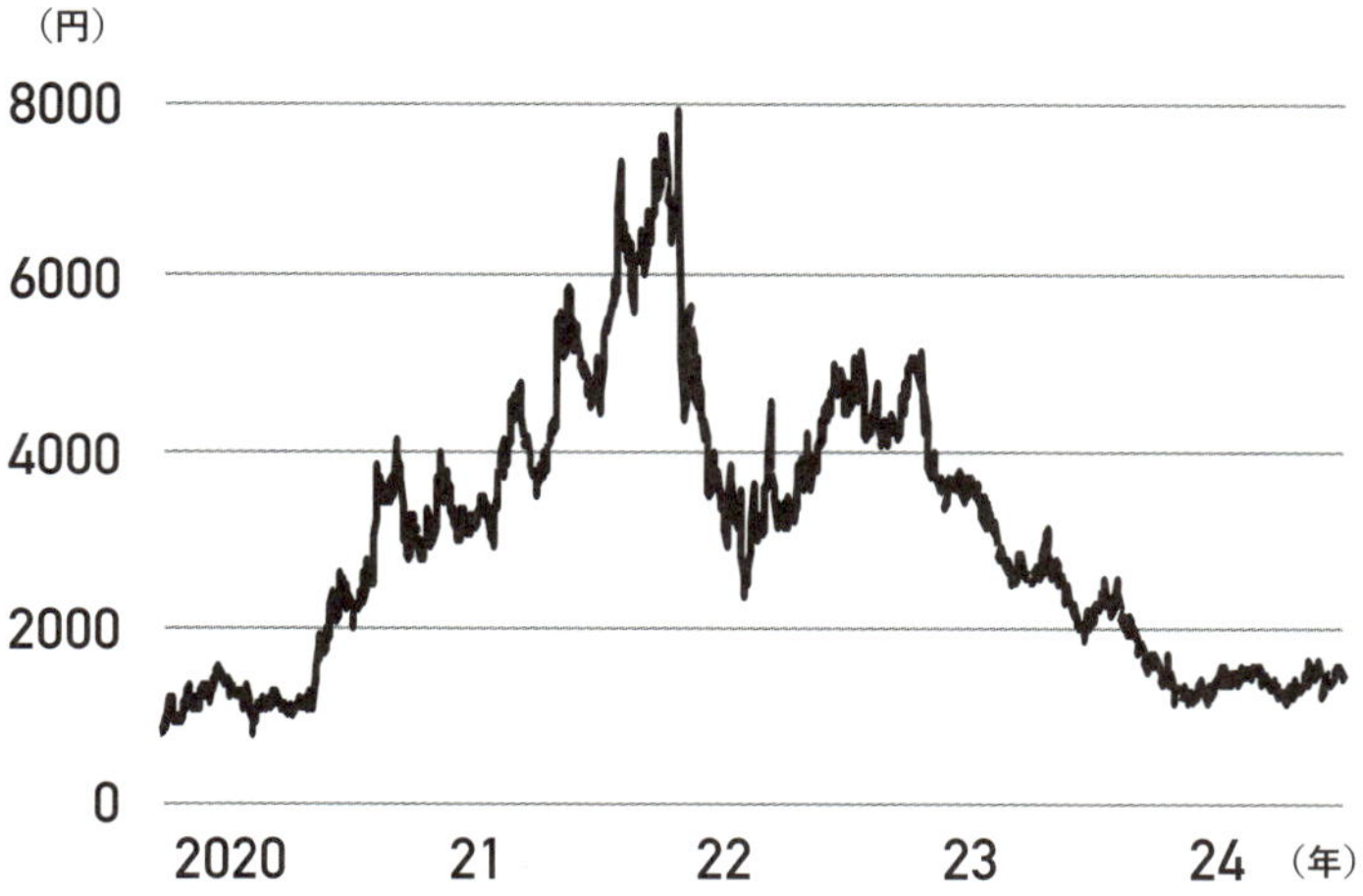

2024年9月6日時点

に来た人からとれる脂肪由来幹細胞は、採取が比較的容易であり、美容クリニックの施術などで広く使用されている。他の部位から得られるエクソソームと比較し、脂肪由来は安全性や効果について最も詳細に検証されているため、信頼性が高いのが特徴だ。

先端医療には大きく伸びるポテンシャルがある。ただし、先端医療はいつも風評被害を受けやすい。

たとえば、僕もやっているレーシック。一度、銀座にあるクリニックが失明事件を起こしたことがある。実際には、レーシックの術式や機械が原因で失明になったのではなく、適切な感染症防止措置をとっていなかったことが事件の引き金になったのだ。滅菌処理がなされていない不清潔なオペ室で施術が行われたため、患者が感染症を起こし、失明してしまったわけだ。

しかしこの事件が報じられた結果、「健康な目に傷をつけるのは怖い」「レーシックは怖い」というネガティブなイメージが広がってしまった。同じことがエクソソームにも起こらないともかぎらない。エクソソームが原因ではない予期せぬ事故が起きることにより、風評被害が生じ、株価が下がるリスクはある。

セルソースや先端医療の領域は単なる一例だが、自分自身が持っている情報を結びつけてポテンシャルを信じられる領域は、世間と「逆張り」をして勝つことができる。周りからどういう評価をされていても、冷静に企業や業界を分析したり、自分の経験から世間の隠れたニーズを見つけ出したり、自分が詳しい領域を掘り下げてリサーチをしたりすれば、世間的には「逆張り」だとしても、株を買う判断ができる。それがこの本でたびたび述べた「**自分にしか気づいていない価値**」になるのだ。

3. 日常の中にヒントを見つけ、発想を広げる

HORIE'S VIEW

コンビニの進化から、世の中の流れの変化に気づく

僕はコンビニに行くのが好きだ。コンビニ業界は日進月歩で進化を続けている。たとえば、ファミリーマート。最近のファミマは衣料品が充実している。以前まで、下着や靴下などの消耗品はユニクロで買っていたが、最近ではもっぱらファミマで済ませている。コンビニはどこにでもあるので、わざわざユニクロへ足を運ぶ必要もなくなってきたのだ。

最近ファミリーマートは、ＰＢ（プライベートブランド）の「ファミマル」にも力を入れている。店内を歩いていると、お菓子をはじめとした食品の多くがＰＢに置き換わっているのに気づくだろう。背景には、伊藤忠の資本参加があるのかもしれな

い。とにかく僕はコンビニにいるときでさえ、細かな変化を観察しながら、世の中の流れを読みとろうとしている。ささいな日常の中にも投資のヒントはあふれているのだ。

「最近買ってよかった商品」から発想してみる

投資について考えるうえで、思考の1つの切り口になるのが「最近買ってよかった商品」から発想してみる方法だ。肥満症治療薬を使っていたことがあるのは、第二章でイーライリリーの話に及んだときにも触れた。非上場企業であるが、もう1つ紹介したいのが、スピックが販売する健康関連商品「リポシー(Lypo-C)」だ。リポシーはビタミンCをリン脂質でできたカプセルに閉じこめることで、体内利用効率を高めるとしている。普通のビタミンCに比べて体内に吸収されやすいのが売りなのだ。

僕がリポシーを知ったきっかけは、久々に会った女性の明らかな変化だった。見るからに顔の肌ツヤが綺麗になっていたので、「何やったの?」と聞くと、「リポシーを飲んでいるくらいかな」と教えてくれた。リポシーは、田中みな実《み》さんが推奨したことで一気に女性の間に広がった。上場していたら株を買いたいような企業の商品だ。投資のヒントはこんなところにも転がっている。

どうせなら、株式投資も楽しいほうがいいに決まっている。自分が普段から使っている商品や応援しているサービスをきっかけに、企業の株価が上がるとちょっとした嬉しさもある。たとえば、普段から楽しんでいるゲームでも、服用しているサプリでも構わない。入り口はなんだっていい。

自分にとって当たり前でも、驚くほどに、市場ではそのことに気がついていない人が多いことはザラにある。まずは自分の生活圏から投資をはじめ、楽しんでほしい。

GOTO'S VIEW

あなたもアナリスト

個別の企業や業界を分析して、投資推奨する「アナリスト」と呼ばれるプロが証券会社にいます。アップルやトヨタなど大企業にもたくさんのアナリストがいます。

「あなたもアナリスト」といわれると、不思議に思うかもしれません。

ただ、第一章でも少し触れたように、過去数十年で日本ではアナリストの数を減らしてきた金融機関も少なくありません。

特に規模の小さな銘柄はアナリストが1人もついていないことがあります。つまり、プロが精査していない銘柄はたくさんあるわけで、そのなかには宝が埋もれている可能性もあるのです。

小さな銘柄でありつつも、あなたが利用していたり、知り合いが勤めている企業に、なんらかの魅力を感じたとすれば、それは**株式市場のほとんどの人が気づいていない魅力**かもしれません。

もちろん株価が上がるとはかぎりませんが、身近な風景が株式市場とつながるのは、知的好奇心を膨らませます。結果的にお金を投じなくても、身近にあるさまざまな企業を投資家の目線で見てみると、社会の見えかたが彩り豊かにガラリと変わってくるかもしれません。

4．漠然とした将来の不安との向き合いかた

HORIE'S VIEW

常識を疑え――自分の人生に「家や家族」は必要か？

「老後2千万円問題」が取り沙汰《ざた》されたことで、将来の不安を口にする人が増えた。**「漠然とした不安」はけっして拭《ぬぐ》うことができない。まずは不安の正体を具体的にイメージするところからはじめよう。**

人生にかかる大きな出費は「家・自動車・結婚・子ども」の4つにおおかた決まっている。あなたがまだ20～30代ならば、「持ち家は必要か」「自家用車は必要か」「結婚したいか」「子どもはほしいか」1つ1つ真剣に考えてみたほうがいい。なぜなら、いずれの選択も多くのお金を要することになるからだ。社会の常識は脇に置き、必ず自分ごととして考えよう。

たとえば、車。実際には時間でいえば10％しか使われていない。ランニングコストがかかることを考えれば、見栄を捨てて、カーシェアリングを利用したほうが賢いだろう。特に都内であれば、カーシェアの駐車場がそこらじゅうにある。

たとえば、結婚。見落とされがちであるが、結婚で一番大切なのは「財産分与」だ。実際、結婚したカップルの3分の1は離婚している。だとすれば、3分の1のカップルはもれなく財産分与をすることになるわけだ。

僕自身も経験したことがあるが、離婚は本当に労力がかかる。だから離婚したくてもしていない、離婚予備軍も多くいるはずだ。結婚する前であったとしても、シビアにそうしたファクトを知り、自分の人生の中で何が大切なのかはしっかりと見極めるべきだ。

「なぜ家族をつくるのか」「子どもをつくるのか」、その意味についても自分なりに考えたほうがいい。考えてみた結果、人によっては「ああ、俺はただ仲間がほしかっただけなんだ」と気づくかもしれない。そうすれば、家庭でも会社でもない、サードプレイスがあれば十分かもしれない。実際、僕が運営するオンラインサロン『ＨＩＵ』（堀江貴文イノベーション大学校）にはそうしたタイプの人たちが多くいる。生きかたに正解はないので、自分なりに生きかたのリデザインをするべきだろう。

もちろん忘れてはならないのは「健康」の重要性だ。いまの時代、運動習慣や予防医療により、70～80代になっても健康でいられる。歳をとってもお金も稼げるし、遊べる。なんだかんだいっても、しっかり払っていれば年金だってもらえる。だとすれば、いまのうちから過度に不安を感じる必要はない。

GOTO'S VIEW

人生１００年時代こそ、お金の設計を

私も基本的には堀江さんのスタンスに同意する部分が多いです。人生１００年時代、将来のお金の設計で悩んでいるなら、堀江さんが提唱するように、人生でかかる大きな出費について見直してみたほうがいいでしょう。

「みんなそうしているから」とか「親がこう言っている」とかではなく、**まずは当たり前とされている常識を疑うところからはじめる**のはよいと思います。たとえば結婚式であれば、「一生に一度だから」と出費に無頓着になることもあるでしょう。

人生での大きな出費をまずは見える化し、どれくらいお金を使っていいのか大ざっぱにでもイメージをもつべきだと思います。

同時に、自分が生涯で稼げそうな金額も推測で構わないので概算する。そうすることで、生涯における大きな出費が、実際に自分の資産の何パーセントにあたるのかをざっくりと把握することができます。

意外とこうした整理を行っている人は少ないのではないでしょうか。目標がはっきりとすることで、将来への漠然とした不安も軽減されるはずです。

5．マーケットは最高のビジネス・スクールである

GOTO'S VIEW

投資には資産形成以外に得られるアセットがある

株式投資をはじめることをためらっている人のなかには、「自分は経済に疎《うと》いから」といったように、知識不足を心配している人も多いかもしれません。

でも、ちょっとスポーツを例に考えてみてください。

野球でもテニスでもゴルフでもジョギングでも、「まず分厚いテキストや通学で何カ月も勉強してから、初めて体を動かしてみる」、なんてことはないと思います。

まずボールをさわったり、体を動かしてみて、おもしろさや難しさを感じ、そこからいろんな人に話を聞き、さらに体を動かしながら上達していきます。

経済知識や投資も同じだと思います。

株式情報とは、閉じられたマニアックな世界ではなく、普段の経済活動、人生設計、自分自身のメンタル、あらゆることに絡んできます。別々に学んでいた事柄に関連性が出てくることで、おのずと好奇心も高まっていくでしょう。株式投資は資産形成のみならず、時事教養にもつながるのです。

株式投資をやっている人と会話をしていると、楽しんでいる人が多いことに気がつきます。それぞれの人にとって株式投資がストーリーなのか、ゲームなのか、それぞれ感覚は違うにせよ、多くの人が単なる資産形成にとどまらずに、楽しんでいるのを感じます。おそらく多くの人は、持っている知識がつながっていくことで知的好奇心が満たされるのを感じているのでしょう。

もちろん、投資にはいろんなリスクがあります。スポーツも初心者がいきなりプロ仕様の道具を使って、過酷なトレーニングをしたら、故障してしまいます。投資もまずは身近なところから少しずつはじめるのがいいでしょう。そのための環境整備はかなり進みましたし、基本的な姿勢は本書でお伝えしました。

「お金を儲けるため」あるいは「資産を形成するため」に投資をはじめる人がほとんどだと思います。「入口」はそうだったとしても、実は投資にはそれ以外に多くの利点があります。

「どうやって銘柄を選ぶのか」あるいは「どこまでリスクをとるのか」。ビジネスはもちろんのこと、人生設計や日々の生きかたまで、投資から学べることは多くあります。うまく投資と付き合えれば、資産形成以外のアセットが積み上がることを実感できるでしょう。この本を通じて、投資はもちろん、人生を生きるうえでのヒントを見つけてもらえれば嬉しいです。

HORIE'S VIEW

お金持ちになることと、人生の楽しさはまったく別

投資の本を書いておきながら最後にこんなことをいうのもなんだが、僕は「投資で自分のお金を増やしたい」と思ったことはない。この本を書いたのも、あくまで、自分の知識を活かしつつ、後藤さんとの対話によって経済の視点を学び、自分の知見を読者のみなさんとシェアすることが目的だったからだ。

もし、あなたがまだ若いなら、株式投資よりも自己投資にお金を使ったほうがいい。大事な仲間や家族がいるなら、時間を使うべき相手は株式投資よりもパートナーだし、仕事のがんばりどきなら、価格の上がり下がりに一喜一憂するよりも、目の前の仕事を楽しんだほうがいい。そのほうが、よっぽど将来の資産になる。困ったときにあなたを助けてくれるのは、株価やマーケットではなく自分自身、そしてあなたに信頼を寄せる仲間だ。

それに、お金に振り回されず、お金に固執せず、自分が楽しめることをやっていたほうがよっぽど幸せだ。スマホ時代、日本に住んでいれば、お金がなくても楽しめることもたくさんある。

僕が宇宙を目指す理由も、お金がほしいからではなく、ワクワクするような未来を作っていきたいからに他ならない。お金を稼ぐだけなら、宇宙開発事業という手間のかかることをしなくても効率の良い方法はある。それこそ株式投資に没頭したほうが稼げるかもしれない。

でも、それは僕のやりたいことではない。

お金も美味しいものも綺麗な家も、独り占めしたところで心は満たされない。自分がやりたいことを仲間とするからこそ幸せを実感できる。

そのために僕はテクノロジーを見つめ、その界限を常にリサーチしている。

こういう大きな目標や希望を語っていると、「そんなのはホリエモンだから言える」と文句をつけてくる人もいるが、決してそんなことはない。お金がなくてもできることはたくさんある。事実、僕だって最初は何も持っていなかった。好きなことを追いかけ、さまざまな思考をくり返した結果いまの僕が存在している。

そして、本書にもあるように、いままでの経験が結果として株式投資の視点にもつながっていると感じる。

逆の見かたをすれば、あなたが株式投資で身銭を切り、それにより経済や社会のことを学んだり新しい視点を身につけたりするきっかけにもできる。**日々移り変わるリアルなマーケットは、学習意欲の高い大人にとって最高のビジネス・スクールにもなりえる**ということだ。

欲に振り回されるのではなく、余裕を持ってお金と接することができるかどうか。
ギャンブルではなく、教養として自分の血肉になるかどうか。
人に教えてもらった正解に従うのではなく、自分が心から信じられるかどうか。
不安を埋めるために行動するのではなく、行動をすることで不安は消えていく。

そのきっかけとして株式投資を行うのであれば、僕はそれを後押ししたいと思っている。

SUMMARY

第五章　まとめ

□ **現在を理解する**：未来予測ではなく「いま」をしっかり見つめ、世の中の流れを読みとることが重要。

□ **ポテンシャルを信じる**：逆張り投資や先端分野に注目し、自分の情報と分析に基づいて投資を行うことで、リスクを取りつつ利益を上げることができる。

□ **日常からヒントを得る**：コンビニや日常生活の変化から投資のアイデアを見つけ、生活圏から投資アイデアのタネを見つけることができる。

□ **将来への不安と向き合う**：漠然とした将来の不安を具体化する。常識にとらわれず、自分に必要な出費について真剣に考え、人生設計を見直すことが大切。

□ **マーケットで学ぶ**：株式投資を通じて経済やビジネスの知識を得ることができる。投資は単なる資産形成ではなく、広い教養を身につけるための手段でもある。

おわりに

後藤達也

本書の出版は、堀江さんの「多動力」をじかに体感できるプロジェクトだったと感じています。

新NISA制度のはじまりや日本株の上昇で、堀江さんとの対談が増えはじめたところ、「本でも出しましょうか」と軽いノリのような一言をきっかけに、トントン拍子でニューズピックスの新トーク番組『The MARKET（ザ・マーケット）』が立ち上がりました。その対談をベースにした書籍化がすぐに決まったのです。

大きな組織ではなかなかないスピード感です（執筆作業はもちろん「軽いノリ」で進むものではありませんでしたが）。

「おもしろそうじゃん」と、これまでやっていなかったことでもまずやってみる。仮にうまくいかなかったとしても、新しい経験や人脈が広がっていくと、他の人が思いつかないようなアイデアが浮かびやすくなります。

アップルの創業者・スティーブ・ジョブズの「**Connecting the Dots（点と点をつなげる）**」という言葉があります。楽しみながらいろいろなところにどんどん点を打っておけば、あとになって点がつながり、イノベーティブな発想が生まれやすくなるというものです。堀江さんも好きな言葉だそうですが、私も行動原理の軸になっています。

この本のタイトルは『投資の思考法』。網羅的に投資の世界を学ぶというより、堀江さんと私の投資への向き合いかたをお伝えしました。

「投資」は本当に奥深い世界。状況も刻々と変わります。「この1冊ですべてわかる」なんて壮大な書籍を目指すのではなく、むしろ最近のトピックに結びつけながら、堀江さんや私の視点を多くご紹介しました。

それぞれの視点が正解とはかぎりません。トピックを網羅的に扱ったわけでもありません。なので、誤解をおそれずにいえば、この本は「不完全」です。

しかし、「どの株が上がるのか」「ＡＩで世界はどう変わるのか」なんて問いに正確に答えられる人は誰もいません。そして、半年も経たないうちに新たな展開が続々と訪れるのがマーケットの世界です。

だからこそ、「不完全」であっても、旬な話題にさまざまな視点で思いを巡らすことが大切です。マーケットはつかみどころのない世界のようですが、ダイナミックで予想外の動きをするのは**世の中の映し鏡**でもあります。

この本にあるさまざまな視点が、まさにジョブズのいう「Dots（点）」になると思います。本を読んだあとに触れるニュースや話題が、本書に書いてあったこととつながることを感じられれば、みなさんの「投資の思考法」もどんどん広がり深くなっていくはずです。

そして、私自身もさまざまな立場の方と取材・対談を重ねることで、マーケットや経済のいまとこれからを日々探り、「投資の思考法」を鍛えています。

そのときどきの視点はX、ｎｏｔｅ、ユーチューブ、テレビ（テレビ東京「ＷＢＳ」など）で、情報発信しています。堀江さんもユーチューブやメルマガなどでマーケットや経済ニュースをスピーディに発信しており、その多くは無料で接することができます。

投資の知識や視点が広がると、単なる運用のお金儲けというだけではなく、世界を見る目が鋭くなり、日々の生活も彩り豊かなものになると思います。本書がそうしたダイナミックな世界への入場ゲートのような存在になってくれたのであれば幸いです。

著者紹介

堀江 貴文（ほりえ・たかふみ）

1972年10月29日、福岡県生まれ。実業家。SNS media&consulting株式会社ファウンダー。現在はロケット開発や、アプリのプロデュース、また予防医療普及協会として予防医療を啓蒙する等 様々な分野で活動。10年以上続く有料メルマガ『堀江貴文のブログでは言えない話』では、毎週15000近くの会員にビジネス情報などを発信（https://zeroichi.media/with/1242）。

また、会員制オンラインサロン『堀江貴文イノベーション大学校（HIU）』では、700名近い会員とともに多彩なプロジェクトを展開している（http://salon.horiemon.com）。

近著に『僕らとビジネスの話をしよう。～新時代の働き方』、『金を使うならカラダに使え。』『ChatGPT vs. 未来のない仕事をする人たち』『ホリエモンのニッポン改造論』『2035　10年後のニッポン　ホリエモンの未来予測大全』などがある。
その他詳細は　https://zeroichi.media/
X アカウント　@takapon_jp

後藤 達也（ごとう・たつや）

経済ジャーナリスト。

1980年生まれ。2022年に日本経済新聞社の記者をやめ、独立。

経済ニュースを「わかりやすく、おもしろく」をモットーに、SNSを軸に活動中。経済や投資に馴染みのない人を念頭に、偏りのない情報の発信を目指している。国民の金融リテラシーの健全な向上に少しでも貢献できればと思っている。


テレビ東京『WBS（ワールドビジネスサテライト）』レギュラーコメンテーター。

X(旧Twitter)フォロワー数71万人、YouTubeチャンネル登録者数31万人、note有料会員は2.9万人。

X アカウント　@goto_finance

株価や時価総額のグラフは公開情報からNewsPicksが作成しています。

本書は特定の商品の勧誘や売買の推奨等を目的としたものではありません。

堀江・後藤流　投資の思考法

2024年10月28日　第1刷発行

著　者　　堀江貴文・後藤達也
発行者　　金泉俊輔
発行所　　ニューズピックス（運営会社：株式会社ユーザベース）
〒100-0005 東京都千代田区丸の内 2-5-2 三菱ビル
電話　03-4356-8988
FAX　03-6362-0600
※電話でのご注文はお受けしておりません。
FAX あるいは下記のサイトよりお願いいたします。
https://publishing.newspicks.com/

印刷・製本　シナノ書籍印刷株式会社

編集協力　長谷川リョー（モメンタム・ホース）
装幀　トサカデザイン（戸倉 巌、小酒保子）
写真　小田駿一
イラストレーション　iziz
図版　青柳直希
DTP・図版　朝日メディアインターナショナル
校正　鷗来堂
営業　岡元小夜・鈴木ちほ
進行管理　小森谷聖子・高橋礼子
番組制作　伊江成晃
資料協力　谷口健
統括　金泉俊輔
編集　的場優季

ISBN 978-4-910487-03-8
本書に関するお問い合わせは下記までお願いいたします。
np.publishing@newspicks.com